Gesellschaft im Comic

Grafische Erzählungen zu Geschichte und Krieg

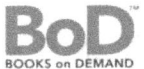

漫畫中的社會

圖像小說中歷史及戰爭的呈現

海珂・歐登伯格(Heike Oldenburg)及
梅安德 (André Sven Maertens) 文集

協力製作：張碧云

插畫：瓦爾特・莫爾斯、61Chi、
傑哈德・毛赫

封面插畫：61Chi

編者：梅安德 (André Sven Maertens)

「繪畫與敘述」系列，第三冊

Gesellschaft im Comic

Grafische Erzählungen zu Geschichte und Krieg

Eine Textsammlung von
Heike Oldenburg
und André Sven Maertens

Unter Mitarbeit von Chang, Pi-Yun

Mit Illustrationen von Walter Moers, 61Chi und
Gerhard Mauch

Titelillustration: 61Chi

Herausgeber: André Sven Maertens

Reihe „Zeichnen und Erzählen", Band 3

Titelillustration:
„The sights of Guo Mao"
aus „Small Town, Southern Time: Zuoying & Český Krumlov"
von 61Chi (S. 64)
Mit freundlicher Genehmigung von dala Publishing
封面插畫：
果貿的面貌《南方小鎮時光：左營・庫倫洛夫》
61Chi（第 64 頁）
圖片經大辣出版授權

Bibliografische Information der Deutschen Nationalbibliothek:
Die Deutsche Nationalbibliothek verzeichnet diese Publikation in der Deutschen Nationalbibliografie; detaillierte bibliografische Daten sind im Internet über http://dnb.dnb.de abrufbar.

© 2019 Maertens, André Sven
Herstellung und Verlag: BoD – Books on Demand, Norderstedt
ISBN: 978-3-749453917

Inhaltsverzeichnis

André Sven Maertens (梅安德)
Vorwort 7

Gerhard Mauch (傑哈德・毛赫)
Die alten Knacker
Eine tolle, amüsante Geschichte um Vergangenheit und
Gegenwart von drei anarchistisch angehauchten Alt-68ern
und einer überkritischen Enkelin 13

Gerhard Mauch
Black Hills
– ein Western mit authentischem Bezug, der die
letzte Erhebung der Sioux-Kultur gegen die Expansions-
politik der US-Regierung dokumentiert 15

Gerhard Mauch
Die Zeitreise
– eine Comicdoku zur Geschichte des Fairen Handels 18

Heike Oldenburg (海珂・歐登伯格)
„Persepolis" – Krieg im Iran und was er mit einem Mädchen
macht 21

Heike Oldenburg
„Ich erinnere mich" – eine Kriegskindheit in Beirut 25

Heike Oldenburg
„Schwarze Gedanken" – zu Krieg und anderem von einem
lustigen Zeichner 29

André Sven Maertens (梅安德)
Kriegskritik und „Helden"-Bilder in Comics europäischer Herkunft: Fragen und Probleme 33

Kai Otto Chang (張允愷)
„In tiefen, kalten, hohlen Räumen / Wo alte Bücher Träume träumen" – Die Verbindung von Illustrationen und Erzählung in „Die Stadt der Träumenden Bücher" 58

61Chi
Großstadtleben im Comic: Die Zeichnerin 61Chi spricht im Interview über ihre Arbeiten, Metropolen-Literatur und Comics aus Taiwan 88

Ergänzende Literatur- und Linkliste 118

Über die Autorinnen und Autoren der Beiträge 121

Rückseitentext in weiteren Sprachen 124

Vorwort

Mit dem dritten Band der Reihe „Zeichnen und Erzählen" schließen wir den Bogen und kommen zu grafischen Erzählungen über krisenhafte Geschehnisse in Gesellschaften und die damit zusammenhängenden militärischen bzw. militaristischen Denkweisen und Handlungen. Es geht also in den Beiträgen um anscheinend normale Gesellschaft, um Krieg und um die sie verbindenden historischen Entwicklungen. Wie Heer und Reemtsma (1998) deutlich gezeigt haben, ist Krieg ein Gesellschaftszustand, nicht das Werk einiger weniger und ebenso kein Natureignis, Unfall oder gar Schicksal. Die „Krieger" und ihre Helfer*innen kommen aus der Gesellschaft, (formen sie auch) und kehren später in sie zurück. Wie gehen sie mit dem erlebten oder selbst verübten Mord um? Das Leben, auch das Alltagsleben der Menschen, zu beobachten, ist daher zentral für das Verständnis davon, wie Krieg gemacht wird und welche Folgen die Kriegshandlungen haben. Die Bildgeschichte erweist sich – entgegen weiterhin bestehenden Zweifeln – als geeignetes Medium, um politisch gehaltvoll zu erzählen. So behandeln die hier vorliegenden kritischen Analysen die Frage, wie in der grafischen Literatur die sozialen Auswirkungen von kriegerischen Ereignissen und Verhaltensweisen gezeigt werden.

Mein herzlicher Dank geht an alle Beitragenden, allen voran an Gerhard Mauch (Gischbl), Heike Oldenburg und Kai Otto Chang. Für die chinesischsprachigen Übersetzungen sowie die Kontrolle von übersetzten Texten möchte ich den Professor*innen Zhou, Xin, Christian Richter, Yang, Yen-I und Tseng, Chien-Kang meinen Dank aussprechen. Für die Übersetzung der Abstracts und weiterer Texte bedanke ich mich bei den Wenzao-Absolventinnen Chang, Pi-Yun, Su, Hsiao-Han und Tsou, Jen-Yu. Weiterer Dank für Übersetzungsarbeit am Interviewtext geht an Fang, Tzu-Heng, einen Absolventen vom IfDSK der Soochow-Universität (Taipeh). Die Aufgabe, den Rückseitentext in ihre jeweiligen Sprachen zu übersetzen, haben wieder Student*innen und Gaststudent*innen der Wenzao-Universität übernommen: für das Französische Rodolphe Guilet, für das Japanische Zhang, Hua-Zheng, für das Spanische Ignacio Jesús Pérez Moreno, für das Niederländische Debbie Alliet und für das Englische Iarfhlaith Dempsey – ihnen allen bin ich für ihre Mitarbeit sehr dankbar. Ein spezieller Dank für Rat und Übersetzungshilfe geht an Fabian Sieber in Erfurt. Für die Hilfe bei technischen Fragen danke ich Dieter Maertens und Holger Hähle. Ohne Chang, Pi-Yun, die mit größter Energie und rettendem Ideenreichtum gearbeitet hat, läge dieser Sammelband jetzt nicht in Ihren Händen, deshalb gilt Chang, Pi-Yun mein großer Dank und meine Anerkennung.

Wie bereits bei den beiden vorangegangenen Sammelbänden haben Menschen aus Deutschland und Taiwan die Beiträge verfasst – unter ihnen Expert*innen, Comiczeichner*innen und gesellschaftspolitische Aktivist*innen.
Gerhard Mauch, selbst Zeichner, bespricht eine „Graphic Novel" zur Generationenproblematik und zur Umweltzerstörung. Außerdem bespricht er eine Serie über den Genozid an den Ureinwohnern Nordamerikas, den „First Americans". Gerhard Mauchs neueste Bildgeschichte „Die Zeitreise – eine Comicdoku zur Geschichte des Fairen Handels" wird vorgestellt. Heike Oldenburg widmet sich in zwei Beiträgen Comic-Werken zu den Lebensläufen von Frauen – erzählt wird hier von Gesellschaft und Krieg im Iran und im Libanon, ein weiterer Text befasst sich mit Franquins Kritik an sozialen und militaristischen Missständen. In meinem Beitrag werfe ich die Frage auf, wie Kriegskritik und „Helden"-Bilder in Weltkriegscomics europäischer Herkunft gestaltet werden und welche Schwierigkeiten dabei auftreten können. Kai Otto Chang geht in seinem Essay unter anderem darauf ein, wie in Walter Moers´ Roman „Die Stadt der Träumenden Bücher" Illustrationen und Text miteinander zu einer neuartigen Erzählweise verbunden werden. Die taiwanische Künstlerin 61Chi gibt im Interview Auskunft zu ihren Arbeiten, zur zeichnerischen Darstellung taiwanischen Großstadtlebens und zur Comic-Szene Taiwans. Abschließend werden Werke von 61Chi gezeigt (mit deutscher Übersetzung der Texte). An dieser Stelle

möchte ich dem Verlag dala-Publishing (mit Sitz in Taipei) für die Genehmigung zum Abdruck der Zeichnungen und Geschichten danken. Eine Liste mit weiteren Buchtipps (von Chang, Pi-Yun u. a.) ist angehängt.

Viel Vergnügen beim Lesen dieses Sammelbands wünscht

André Sven Maertens
(Wenzao-Universität, Kaohsiung, Taiwan)

Hinweis: Bei jeder Buchbesprechung findet sich ein Abstract in Deutsch und Chinesisch.

前言

《繪畫與敘述》系列第三冊將是本系列最終回，本書所探討的漫畫描述社會中潛藏危機的事件，及其和軍事性——亦即軍國主義式的思考模式和行為之間的關聯性。這些文章關於看似正常的社會、戰爭，以及由上述兩者連結而成的歷史發展。如同希爾及雷姆茨瑪（1998年）所明確表示，戰爭之所以發生，是由於社會中多數人所持有的立場所形成，而非自然現象或意外，更不是命運所造成的。那些「戰士」及他們的支持者都是（形成）社會的一分子，而這些人隨後也會回歸社會。他們該如何看待曾經歷過或自己犯下的謀殺？倘若我們想要理解戰爭是如何形成，以及戰爭行動會產生哪些後果，這些人的人生連同日常生活都將值得觀察。即便有人仍對此存疑，但要言之有物地敘述政治，漫畫確實是合適的媒介。因此我們藉著書中那些批判性分析來闡述，圖像式文學是如何表現出軍事性的行為模式和事件對社會的影響。

由衷感謝所有貢獻心力的參與者，特別是傑哈德·毛赫、海珂·歐登伯格和張允愷。我要對協助中文翻譯及校正譯文的教授周欣、李克揚、楊燕詒和曾建綱致上謝意。感謝翻譯摘要和其他文章的文藻校友：張碧云、蘇筱涵和鄔人郁，接下來也要感謝協助採訪稿翻譯的東吳大學德國文化學系畢業生，方子恆。十分謝謝將書背文案翻譯成不同語言的文藻大學學生及留學生：協助法文翻譯的金瑞滔、翻譯日文的張華箏、翻譯西文的魯瑞傑、翻譯荷蘭語的黛比·艾利耶特，以及協助翻譯英文的伊爾拉·丹普西。特別感謝在艾爾福特的法比安·席柏給予建議及翻譯上的協助。感謝幫忙處理技術問題的迪特·梅爾騰斯和何浩哲。我衷心感謝並大力讚許張碧云，有了她十足的幹勁與有益的想法，才得以讓這本合集問世。

合集內文章正如同前兩冊，由來自德國和台灣的專家、漫畫家和社會政治運動家所撰寫。

傑哈德・毛赫，畫家，評論一本關於代溝問題及環境破壞的「圖像小說」，以及一系列探討北美原住民——亦即美洲原住民種族滅絕的作品。書中也將介紹他最新的圖像故事《時空旅行—公平貿易歷史的紀實漫畫》。海珂・歐登伯格致力鑽研兩篇文章，內容是關於女性人生經歷的漫畫作品、在伊朗與黎巴嫩的社會及戰爭，還有另一篇文章則是研究弗朗坎的評論，內容針對社會與軍國主義的弊端。我在文章中提問：源自歐洲的世界大戰漫畫如何呈現對戰爭的批評及「英雄」形象？過程中又會出現什麼樣的困難？張允愷在文中探討，插畫和文本如何在莫爾斯的小說《夢書之城》中以不同於一般的敘述方式連結。台灣藝術家61Chi在訪談中講述她的工作、台灣大城市生活的繪圖式描寫，以及台灣的漫畫場景，並於本書附上她的作品（含德文翻譯）；在這裡我也要感謝大辣出版社（位於台北）授權圖畫及故事的印刷。本書亦附上相關書單（由張碧云等人推薦）。

希望您享受閱讀此書的樂趣

梅安德
(文藻外語大學，高雄，台灣)

註：每篇文章後方都附有德文與中文摘要。

Die alten Knacker
Eine tolle, amüsante Geschichte um Vergangenheit und Gegenwart von drei anarchistisch angehauchten Alt-68ern und einer überkritischen Enkelin

Serie von Wilfrid Lupano (Text) und Paul Cauuet (Zeichnungen)
Band 1 – 2015 im Splitter Verlag – bisher sind vier Bände à 56 Seiten erschienen

Die drei Freunde Pierrot, Mimile und Antoine sind zusammen „alt" geworden und schwelgen hie und da in vergangenen „revolutionären Taten". Sie sind nicht wie viele andere in braver bürgerlicher Gleichgültigkeit gestrandet, sondern stehen immer noch zu ihren alten Idealen. Und – sie verharren nicht nur in alten Zeiten, sondern sind immer noch in vielfältiger Weise aktiv. Eine weitere Protagonistin ist Sophie, die Enkelin von Antoine. Sie ist alleinerziehende Mutter, professionelle Puppenspielerin und steht mit den drei Alten in einem stetigen kritisch-politischen Diskurs. Nach der Idee von Mimile schreibt und inszeniert sie mit ihm zusammen ein kritisches Stück über die Vereinnahmung von unberührten Idyllen im globalen Süden durch das „zivilisierte Konsumprinzip". Ein weiterer Paukenschlag ist das „Honigattentat" in Paris auf Mitarbeiter einer Agentur, die einen bienenmordenden Pestizidhersteller beraten. Beeindruckend auch das Wohnprojekt und Hauskollektiv „Autonomer, anarchistischer Archipel des Meeres von Paris", dem Pierrot angehört. In einer beeindruckenden Szene übt Sophie folgende massive Generationskritik an einer Reisegruppe pensionierter Grufties: „Ihr seid inkonsequent, rückschrittlich, bigott – ihr wählt rechts, ihr habt den Planeten geopfert und die Dritte Welt ausgehungert. In 80 Jahren habt ihr quasi die Gesamtheit aller Lebewesen ausgerottet und die Ressourcen aufgezehrt. Historisch gesehen seid ihr die schlimmste Generation in der Geschichte der Menschheit." Das ist harter Tobak und veranlasst die drei Freunde zu gemäßigtem Widerspruch.

Natürlich kommen die Gefühle auch nicht zu kurz. Es geht um alte Liebschaften und Enttäuschungen. Die nicht ganz aufgearbeitete Gefühlswelt treibt Pierrot sogar in einen Suizidversuch. Antoine rettet ihn vor dem Sturz in die Tiefe.

Zeichnerisch sind die Geschichten in einem lebendigen und gekonnten Strich umgesetzt. Anregend für das Auge die wechselnden, zum Teil schwierigen Perspektiven. Die Figuren sind prägnant ausgearbeitet und gut unterscheidbar.

Politik mal ganz anders dargestellt. Man kommt gänzlich ohne den moralischen Zeigefinger aus. Im Gegenteil – die Selbstironie steht im Vordergrund. Für politikaffine Menschen ein Muss, aber auch für Hedonisten eine amüsante, nicht immer ganz ernst zu nehmende Lektüre.

Gerhard Mauch 2018

Zu diesem Aufsatz:
Die Franzosen Wilfrid Lupano und Paul Cauuet zeigen in ihrer Bildgeschichte „Die alten Knacker" eine generationenübergreifende Diskussion darüber, wer für die Zerstörung der Natur die moralische Verantwortung trägt. Es geht um einen ressourcenverzehrenden Lebensstil der reichen Gesellschaften. Drei Freunde im reifen Alter und eine Enkelin erleben dabei politisch interessante, gefühlvolle und lustige Momente – und die Leser*innen auch.
法國漫畫家威爾弗瑞德・路帕諾和保羅・古耶在他們的作品中表現了對『老骨頭們』跨世代的討論 – 這些人對自然生態的破壞具有道義上的責任。這與富裕的社會揮霍、浪費資源的生活方式有關。三位邁入晚年的好友及一位孫女歷經了政治趣味、富有情感且滑稽的時光 – 包含讀者們也能一起享受。

Black Hills
– ein Western mit authentischem Bezug, der die letzte Erhebung der Sioux-Kultur gegen die Expansionspolitik der US-Regierung dokumentiert

Erschienen in vier Bänden à 48 Seiten von 2001 bis 2005.
Die Bände sind noch im Antiquariat erhältlich.
Von Yves Swolfs (Autor), Marc-Renier (Zeichner) und Marie-Noëlle Bastin (Kolorierung)

Protagonisten sind der Trapper Lewis Kayne, der nach dem Mörder seines Sohnes und seiner indianischen Frau sucht, und der französische Fotograf Armand Lebon, der eine Fotoreportage über die Indianerreservate machen will.

Ort der Handlung sind die „Black Hills", ein Bergzug im Südwesten des heutigen Bundesstaates Süddakota (ca. 400 km von der kanadischen Grenze entfernt). Für die Sioux haben die Berge eine rituelle Bedeutung. Kayne ist dort zu Hause und soll Lebon als Führer dienen. Lebon glaubt zu Beginn der Reise im Jahr 1890 noch an die guten Absichten der US-Regierung, die Ureinwohner „zu zivilisieren" und sie zu „guten Staatsbürgern" zu machen.

Auf der einen Seite lernen sie dann fanatisierte Siouxkrieger kennen, die als Teil einer „Geisterbewegung" an ihre Unverwundbarkeit glauben und den Niedergang der weißen Kultur be-schwören. Auf der anderen Seite stehen von tiefem Rassismus durchdrungene skrupellose Händler, Siedler und Militärs. Lebon und Kayne werden immer mehr in die Konflikte der beiden Seiten hineingezogen.

Die US-Politik war auf die Erschließung von Land, den Ausbau der Eisenbahn und die Ausbeutung von Bodenschätzen ausgerichtet. So wurden die ansässigen Stämme meist in lebensfeindliche Landstriche umgesiedelt. Auch die Black Hills, erst den Sioux zugebilligt, wurden nach umfangreichen Goldfunden wieder einkassiert. Den Stamm drängte man in kleine Reservate zurück.

Lebon erkennt das Unrecht und erklärt Kayne mit wütender Geste: „Ihr habt dieses Land den Indianern gestohlen. Aber ihr verdient es nicht. Ihr macht daraus eine Hölle voller Gewalt, Gier und Korruption!" In Band 2 sucht Lebon mit einer kleinen Gruppe Sioux in einer Kirche Schutz. Im Gespräch mit dem Priester wird er noch deutlicher: „Wir begehen die größte Sünde, die es gibt – Völkermord. Im Namen welcher Zivilisation maßen wir uns das Recht an, ganze Dörfer mit Frauen, Greisen und Kindern abzuschlachten?"

Die Leser werden im dritten Band Augenzeugen des Massakers am „Wounded Knee Creek". An den Weihnachtstagen des Jahres 1890 versucht der alte Häuptling „Big Foot", mit seinem Clan das Reservat in Pine Ridge zu erreichen, um dort Sicherheit zu finden. Unterwegs wird er von der 7. Kavallerie des Colonel Forsythe gestellt. Schüsse fallen. Die Militärs nehmen das zum Anlass für ein brutales Gemetzel. Es gibt nur wenige Überlebende unter Big Foots Gefährten. Diese Schlacht besiegelt das Ende der Sioux-Kultur.
Kayne begegnet „One Eye", dem Mörder seiner Familie, und findet beim Schusswechsel den Tod. Lebon ist gewillt, Kayne zu rächen, und erschießt „One Eye" nach langer Verfolgungsjagd. Am Ende kehrt er nach Europa zurück. Mit der Erkenntnis, nie mehr einen Fuß auf US-amerikanischen Boden setzen zu wollen.

Swolfs vermochte es, persönliche und geschichtliche Elemente zu einer spannenden Handlung zu verdichten. Die Zeichnungen sind detailreich und farblich gekonnt der jeweiligen Dramaturgie angepasst. „Der Strich" ist mir etwas zu statisch.

Für mich ist die Kleinserie ein spannendes, unterhaltsames und kritisches Stück US-amerikanischer Geschichte.

Gerhard Mauch, März 2019

Zu diesem Aufsatz:
Yves Swolfs (Autor), Marc-Renier (Zeichner) und Marie-Noëlle Bastin (Kolorierung) haben mit „Black Hills" eine vierteilige Serie vorgelegt, die den Genozid an der Sioux-Kultur Ende des 19. Jahrhunderts thematisiert. Diese Western-Erzählung zeigt anhand der

Geschichte um zwei Männer in der Gegend des heutigen Bundesstaates South Dakota, wie brutal die Expansionspolitik der US-Regierung war. In der detailreich und farblich gekonnt gezeichneten Bildgeschichte werden persönliche und historische Elemente zu einer spannenden Handlung verdichtet.

伊夫・斯沃夫（作家）、馬克・何涅（畫家）和瑪莉・諾埃爾・巴斯坦（著色）出版《黑色之丘》系列共四集，主要講述十九世紀末蘇族文化的種族滅絕。這個西部故事透過在南達科他州一帶的兩名男性，描述當時美國政府的擴張政策是何等殘暴。那些個人化及歷史性的元素透過引人入勝的情節，集結成鉅細靡遺且色彩豐富的圖像故事。

Die Zeitreise
– eine Comicdoku zur Geschichte des Fairen Handels

Erschienen im Herbst 2018, 28 Seiten, Euro 2,50.
Bestellungen über gischbl13@web.de – für Wiederverkäufer und Bildungseinrichtungen Euro 1,20 pro Heft

Sechs engagierte Frauen und Männer (35-71 Jahre) des „Heile Welt-Ladens" Pottweil haben zum 40-jährigen Jubiläum eine ladenspezifische, aber auch bundesweite Doku zur Geschichte des Fairen Handels (FH) zusammengestellt.
In der Bildgeschichte „Die Zeitreise" präsentieren sie die Ergebnisse ihrer Recherche. Unterstützt werden sie dabei von den Symbolfiguren

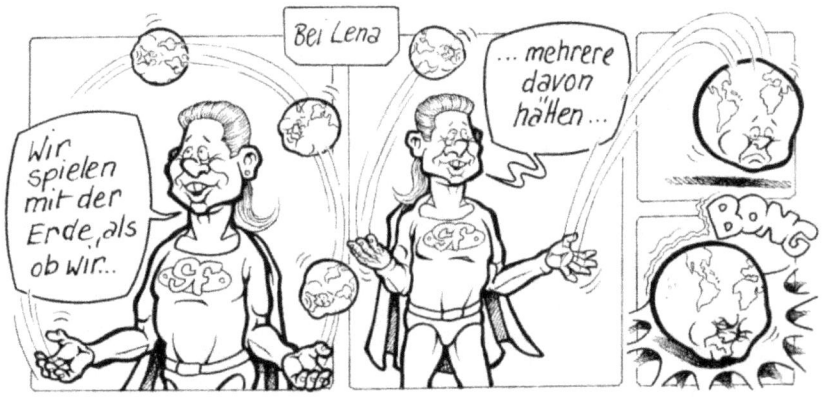

„Globi" (die Weltkugel mit dem Überblick), „Rigoberta" (die ehemalige Kaffeepflückerin und Friedensnobelpreisträgerin von 1992) und „Schnecke" (verkörpert die Gerechtigkeit, die eine Schnecke ist).
Die „Chronologie der Bewegung" zeigt, dass die starken Impulse Anfang der 70er Jahre von den kirchlichen Akteuren in den ev. und kath. Jugendorganisationen und den kirchlichen Hilfswerken ausgingen. Aber auch die studentische Bewegung mit Wortführern wie Rudi

Dutschke öffnete den Blick auf die Zweidrittelwelt. Erst begann man Aktionsgruppen zu gründen, danach bildeten sich nach und nach die sogenannten 3.-Welt-Läden. Dann folgten die „Fairen Importeure" und diverse Dachorganisationen. Die Bildgeschichte legt dar, welche Vorgänge Einfluss auf den FH nahmen. Es geht u. a. um Einschnitte in das weltpolitische Gefüge durch die Revolution in Nicaragua und das Ende der Apartheid in Südafrika (Mandela). Besonders herausragende Produkte wie z. B. der erste faire Biokaffee und die erste faire Schokolade werden genannt und interessante Materialien wie das in der Szene bekannte Stationenspiel „Kaffeeparcour" dürfen nicht fehlen.

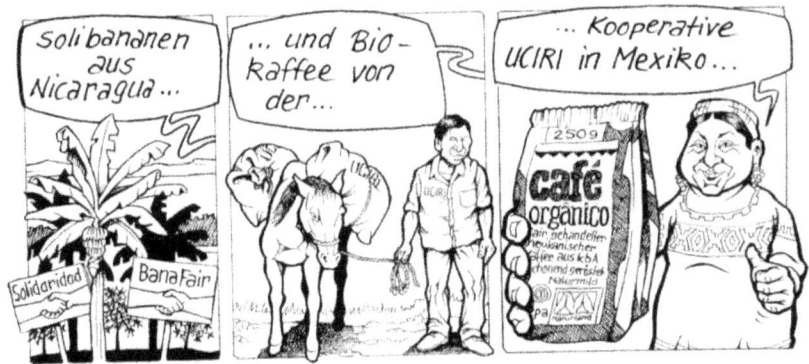

Kulturelle Initiativen wie „Grupo Sal" (kritische Musik kombiniert mit Lesungen von u. a. Dietmar Schönherr) und das Aktionstheater „Die Berliner Kompagnie" finden Erwähnung. Irgendwann taucht ein „Fairer Trabi" auf, der „die Wende" auch im FH markiert. Und nicht zuletzt müssen Konzerne wie Nestlé, Daimler, Chiquita, Edeka, kik und Lidl Federn lassen.

Ein Stück informative Zeitgeschichte auf 13 Seiten – natürlich subjektiv gefärbt, aber gerade deswegen vielschichtig, unterhaltsam und abwechslungsreich. Mit ergänzenden Texten zum FH, einer Anleitung für den pädagogischen Einsatz und einer Seite zur Historie des

Mediums Comic. „Die Zeitreise" ist die **10. Bildgeschichte** des Autors und Zeichners Gerhard Mauch (Gischbl).

Zu diesem Aufsatz:
In seiner neuesten Bildgeschichte nimmt uns Gerhard Mauch mit auf eine Zeitreise: Wir erleben, wie in den 1970er Jahren alles anfing mit dem Fairen Handel und wie diese Idee sich in den nachfolgenden Jahrzehnten weltweit entwickelte. Und im Laufe der faktenreichen Geschichte treffen wir berühmte Persönlichkeiten wie Rigoberta Menchú, Nelson Mandela und Dietmar Schönherr.

傑哈德・毛赫新出版的漫畫將帶領讀者進行一趟時空旅行：我們可以體驗公平貿易是如何在 1970 年代展開，這項計畫在接下來幾十年間又是如何在世界各國發展。我們也將在這個有著豐富資訊的故事當中與名人相遇，舉凡里戈韋塔・曼朱、尼爾遜・曼德拉以及迪特瑪・薛恩黑爾。

„Persepolis" – Krieg im Iran und was er mit einem Mädchen macht

Die Ruinen der altpersischen Residenz- und Palaststadt liegen 900 km südlich von Teheran, wo das Geschehen der Graphic Novel stattfindet. Der Name „Persepolis" für die Graphic Novel wurde möglicherweise gewählt, um sich von der modernen Hauptstadt Teheran abzusetzen und sich zugleich auf das historische persische Erbe zu beziehen. Inzwischen UNESCO-Welterbe, ist Persepolis die touristische Hauptattraktion des Landes. Im Jahr 1971 wurde hier eine Zeltstadt anlässlich der 2500-Jahr-Feier der Iranischen Monarchie aufgebaut. Nur acht Jahre später ging diese Monarchie bei der Islamischen Revolution unter. Ab 1982 entstand hier ein Militärcamp, das nach Ende des Irak-Iran-Krieges (1988) verfiel. Das war einer der vielen Stellvertreterkriege, die es gegeben hat und weiterhin gibt. Diese Mächteränke-„Spiele" der beiden großen Supermächte werden auch gerne mit Waffen aus der sogenannten Ersten Welt beliefert.[1] Sie bringen viel Elend für viele unschuldige Zivilist*innen und Soldat*innen.

Der dargestellte Zeitraum in der Graphic Novel „Persepolis" umfasst 1980 bis 1994, überschneidet sich also mit dem Kriegsgeschehen. Beide Bände „Eine Kindheit im Iran" und „Jugendjahre" sind in der vorliegenden Ausgabe zusammengefasst. Es gibt Zwischenkapitel wie „Das Kopftuch" oder „Pasta". Die „Comic Autofiction"[2] der 1969 in Teheran geborenen Zeichnerin ist sehr menschlich erzählt. Auf völlig unbefangene Weise erzählt Marjane Satrapi auch von eigenen Fehlern und Egoismen. In Band 1 wird eine Kindheit in einer links-intellektuellen Mittelschicht-Familiengeschichte entwickelt. Die Familie ist aufmüpfig. Westliche Einflüsse sind im Jahr 1980 bereits groß („Wir trugen das Kopftuch nicht gern, besonders weil wir nicht wussten, wofür.", S. 7). Auf S. 157 endet der Bericht über die Kindheit mit der Abreise nach Österreich. Der Band

---

1 Deutschland ist übrigens unter den größten drei Lieferanten der Welt.
2 http://www.zeit.de/2004/19/L-Satrapi, 28. Januar 2018

2 enthält die Jugendjahre Marjanes ab 1984 mit dem Aufenthalt in Wien als Schülerin in einem Internat. Trotz Außenseiter-Dasein findet sie Freund*innen. Marjane geht jedoch auf die Wiener Straßen, um als Punk zu leben. Nach vier Jahren in Wien zieht sie wieder in den Iran. Die Heirat und Ehe mit Reza mit 21 Jahren scheitert. Für das Studium „Visuelle Kommunikation" an der Kunstfakultät in Teheran von 1988 bis 1994 macht sie einen Entwurf „Projekt: Gegenstück zu Disneyland". Obwohl sie damit nicht gut ankommt, schließt sie das Studium erfolgreich ab. Das Buch endet im September 1994 mit Marjane Satrapis Rückkehr in den Westen nach Frankreich.

Auf 350 Seiten wird in Schwarz-Weiß in ein bis neun gerahmten Panels pro Seite berichtet. Über vielen Linien, Schlangenlinien und großen Mustern in klarem Strich sind die Texte am oberen wie am unteren Rand der Panels angeordnet. Sprechblasen gibt es nicht in jedem Panel. Beim Schreien oder wenn jemand erschrickt, sind die Sprechblasen mit Zacken versehen (S. 75: „Marji, schnell, in den Keller! Wir werden bombardiert!!!"). Es ist viel schwarzflächige Kleidung (Tschadors) zu sehen. Auch später in Wien bleibt die Kleidung häufig schwarz. Der kindlich-naiv wirkende Stil ist bei schlichter Ästhetik rudimentär und groblinig, auch in den Gesichtern. Die Panels wirken fast wie Linolschnitte.

Dabei ist der Inhalt durchaus tabulos-unverblümt: Als der kommunistische Revolutionär Moshen unerwartet aus dem Gefängnis zurückkommt („Ich? Tot? Lächerlich! Im Knast hieß ich der Mann mit den 7 Leben!", S. 54), schildert Marji: „Meine Eltern waren so schockiert, dass sie vergaßen, mir die Schilderung zu ersparen..." (S. 55). Die Folter ist genau dargestellt, ein Bügeleisen auf dem Rücken ... Marji schaut im untersten schmalen Panel schockiert-verwundert zu Bügelbrett und Bügeleisen hinüber und denkt: „Ich hätte nie gedacht, dass man dies Gerät zum Foltern brauchen könnte." (S. 55) „Gewalt war immer eine unvermeidliche geschichtliche Begleiterscheinung gesellschaftlicher und politischer Konflikte. (…) In der wirklichen Geschichte spielen bekanntlich Eroberung,

Unterjochung, Raubmord, kurz Gewalt, die große Rolle."[3] Im Zwischenkapitel „Der Schlüssel" berichtet die Putzfrau der Satrapis traurig, dass ihrem ältesten Sohn in der Schule „ein kleiner, goldener Plastikschlüssel" (S. 103) mit den Worten geschenkt wurde, dass er, wenn er im Kampf fällt, damit ins Paradies komme. Der Vetter Chahab, auf Besuch von der Front, bestätigt diese Geschichte: Die Unterschicht werde „fanatisiert und in die Schlacht geworfen: Ein Gemetzel". (S. 105)

Aber es gibt auch witzige Szenen: Als Marjane in Wien als Serviererin von einem Mann an den Po getatscht wird, hilft ihr die jugoslawische alte Köchin Svetlana. Deren Gesicht sieht erschütternd abgearbeitet aus. Doch als sie das bestellte Wiener Schnitzel für ihn fertig macht, sagt sie: „Herr, vergib mir!", spuckt in der Küche aufs Essen und spricht: „So, du bist gerächt!" (S. 230)

„Die Menschen machen ihre eigene Geschichte, aber sie machen sie nicht aus freien Stücken, nicht unter selbstgewählten, sondern unter unmittelbar vorgefundenen, gegebenen und überlieferten Umständen."[4] Obwohl Urenkelin von Naser al-Din Schah (1848 – 1896 Schah von Persien)[5], war Marjane Satrapis Familie vor der Islamischen Revolution kommunistischen Kreisen nahe. Sie hat dann konsequenterweise ihre eigene Geschichte im Jahr 1994 in die Hand genommen und ging nach Frankreich zurück. Die dort „gegebenen (…) Umstände" sind gewaltfreier und passen besser für sie. Heute lebt Marjane Satrapi als Kinderbuchautorin, Illustratorin und Filmemacherin in Paris. „Persepolis" ist inzwischen in 25 Ländern erschienen. Im Jahr 2007 wurde das Buch in einer Zeichentrickversion verfilmt. Der Film erhielt auf den 60. Filmfestspielen von Cannes einen Preis. Weitere Preise folgten. Erst 2008, nach der Nominierung zum Oscar, wurde der Film im Iran – nur sieben Mal sowie zensiert und vor ausgewähltem Publikum – gezeigt.

---

[3] Karl Marx, MEW 23 (Das Kapital, Band 1)
[4] Karl Marx, Der 18. Brumaire des Louis Bonaparte, MEW 8/115, 1852, zit. nach „Marx für alle", Berlin 2004²
[5] https://www.wikigender.org/wiki/marjane-satrapi/ , 28. Januar 2018

Heike Oldenburg, Januar 2018

Quellen:
Marjane Satrapi, „Persepolis", 2000-03, L´Association/frz., 2 Bände, dt.: Edition Moderne, Zürich 2004; hier: Süddeutsche Zeitung Bibliothek, Graphic Novel Nr. 2, München 2011
https://de.wikipedia.org/wiki/Persepolis, 25. Januar 2018
https://de.wikipedia.org/wiki/Marjane_Satrapi, 25. Januar 2018
https://de.wikipedia.org/wiki/Persepolis_(Comic), 25. Januar 2018
Karl Marx, MEW 23 (Das Kapital, Band 1)
Karlen Vesper, Marx für alle, Berlin 2004[2]

Zu diesem Aufsatz:
Als Kind erlebte Satrapi den Krieg im Iran. Ihre Kriegskindheit hat die jetzt in Paris lebende Künstlerin zeichnerisch dargestellt. Die im Jahr 2007 erstellte Zeichentrickversion des Buches, obwohl mehrfach ausgepreist, wurde erst nach der Nominierung zum Oscar 2008 im Iran – nur sieben Mal sowie zensiert und vor ausgewähltem Publikum – gezeigt.
莎塔碧在孩童時期於伊朗經歷兩伊戰爭。她現為住在巴黎的藝術家，透過圖畫描繪了其戰爭童年。2007 年此書的動畫版問世，雖然多次獲獎，但在 2008 年奧斯卡提名後才得於伊朗放映，次數卻只有七次，而當局事先檢查刪除部分內容，並挑好有資格來觀賞之觀眾。

„Ich erinnere mich" – eine Kriegskindheit in Beirut

> „Nichts unterscheidet Erinnerungen von anderen Momenten, sie lassen sich nur erst viel später an den Narben erkennen, die sie hinterlassen."
> Chris Marker, „Ich erinnere mich", S. 5

Das Mittelmeer hat aufgrund seiner Lage schon immer als verbindender Raum zwischen den Kontinenten Afrika, Asien und Europa gewirkt. Handelsrouten führten über das Meer und Militärbasen entstanden an den Ufern, in den zum Teil wundervollen Naturbuchten. Schon „seit der Antike ist das Mittelmeer ein Ort des Wettbewerbs um Überlegenheit: wer das Mittelmeer kontrollierte, kontrollierte die Welt".[1] Der Libanon, am Ostrand des Mittelmeers gelegen, gehörte zu den ersten besiedelten Gebieten der Erde. Dieses Gebiet wurde Levante (frz. *levant* für „Sonnenaufgang", allegorisch für „Osten", „Morgenland") genannt. Noch heute ist das Land mit seinem Wasserreichtum mit gutem Ackerboden gesegnet. Seit 1918 Frankreich zugeschrieben, wurde das Land nach 1945 unabhängiges Gebiet, und Beirut (phöniz. *Be'erot*, dt. ‚die Brunnen') wurde die Hauptstadt. Beirut entwickelte sich zu einem *Paris des Nahen Ostens* genannten Finanzzentrum. Schon immer war Beiruts Innenstadt ein Ort für Begegnung gewesen. Bis zum Beginn des Bürgerkriegs 1975 war hier ein „Handels- und Vergnügungszentrum und interkonfessioneller Treffpunkt"[2]. Durch den 16 Jahre andauernden Bürgerkrieg fand eine religiöse Entmischung statt. Die schwersten Zerstörungen gab es entlang der „Green Line", an der auch die Wohnung der Familie Abirached gelegen hatte.

Die libanesisch-französische Autorin und Zeichnerin Zeina Abirached wurde im Jahr 1981 mitten im Krieg geboren. Für jüngere Deutsche sind das unvorstellbare Verhältnisse, denn in Deutschland herrscht seit über 70 Jahren Frieden[3]. Zeina Abirached war 9 Jahre alt,

---

[1] Zitat von Bernard Ravenel, zit. nach Lühr Henken, S. 121
[2] https://de.wikipedia.org/wiki/Beirut, 21. Januar 2018
[3] Meine Freundin Leonore H., die Ende der 70er Jahre als Revolutionärin in einem

als der Krieg endete. Sie studierte an der Académie Libanaise des Beaux-Arts (ALBA) in Beirut. Als sie 2004 nach Paris zog, schloss sie ihr Studium an der École Nationale Supérieure des Arts Décoratifs ab. Noch heute lebt und arbeitet sie in Paris.

Zeina Abirached verarbeitet in ihren autobiographischen Graphic Novels ihre Kindheit im damaligen Kriegsgebiet. In ihren ersten deutschen Veröffentlichungen „Das Spiel der Schwalben" sowie dem Nachfolgeband „Ich erinnere mich" (dt. 2013 und 2014) zeigt sie konkret „Alltag, Entbehrungen und Erlebnisse [...] in liebe- und humorvollen Details" (Rück-Cover 2014). In beiden Bänden beschreibt sie den Bürgerkrieg, als sie sieben Jahre alt war. Im 2016 erschienenen Werk „Piano Oriental", einer Autobiografie-Biografie-Mischform, geht es um ihren Urgroßvater, der ein speziell klingendes Klavier erfunden hatte. Ohne dies überinterpretieren zu wollen, fällt optisch eine Entwicklung auf: Auf dem Cover des ersten Bandes sind elf ernste Gesichter mit kleinem Mund zu sehen. Auf dem Cover von „Ich erinnere mich" sind 32 Personen abgebildet, zum Teil wiederzuerkennen und fast nur lächelnd. Auf dem Cover des dritten Werkes ist nur des Urgroßvaters Gesicht mit einem sehr breiten Lächeln zu sehen. Das Lächeln der Autorin auf der Webseite vom Avant-Verlag wirkt ausgeglichen und in-sich-ruhend. Wie bei Miné Okubo erscheint mir die zeichnerische Verarbeitung schwerer Erlebnisse ein guter Weg zur Bewältigung der Vergangenheit zu sein.

In „Ich erinnere mich" sind auf 95 Seiten in einem DinA5-Überformat in dem für Zeina Abirached typischen schwarz-weißen Stil die Panels von einem ganz-seitigen bis zu zwölf kleinen Panels auf einer Seite angeordnet. Immer gibt es einen, manchmal zwei Kästen mit einem Satz darin. Dieser beginnt fast immer mit „Ich erinnere mich, dass …". Die Graphic Novel ist fast 100 Seiten kürzer als „Das Spiel der Schwalben". Der puristische, sehr phantasievolle

---

südlibanesischen Lager gelebt hat, war nur einmal kurz in Beirut. Wenn der Krieg nicht gewesen wäre, wäre sie gerne dort geblieben. Passend scheint mir eine Stelle in den Apokryphen der Bibel: In Sirach 50, 5-8 wird eine hohe Persönlichkeit mit den schönsten Attributen belegt, er sei „wie die Lilien an einer Quelle, wie das Grün des Libanons im Sommer".

Zeichenstil Zeina Abiracheds macht Anleihen bei orientalischer Ornamentik. Häufig sind reale Dinge auf Formen und Symbole reduziert. Die Haarwolle von Zeina ist spiralig, die ihres kleinen Bruders mehr wie Einzeller auf einem Haufen. Als die beiden Kinder betteln, jetzt unbedingt GOLDORAK[4] sehen zu dürfen, kommt der Stromausfall, der bei Zeina zu einem „Seufz" (Schreibschrift) und beim Vater zu einem erleichterten „Gut, das wäre jetzt wenigstens geklärt." (beide S. 18) führt. Die Kleiderstoffe der Frauen sind außerordentlich blumig und schön. Die Schönheit der Darstellung vermittelt etwas Lebenslustiges. Zugleich macht sie ein so hartes Thema wie Krieg erträglich.

Zeina Abirached erinnert sich „an die erste richtige Dusche" (S. 74) nach dem Krieg. Bei den ganz Jungen gibt es keine Erinnerung, „kein Bild, keine ´mental map´ der Innenstadt oder der jeweils anderen Seite"[5]. Dies wird in Zeinas „Ungläubigkeit" deutlich, als sie „zehn Jahre nach Kriegsende bei einem Spaziergang entdeckte, dass die Straße gegenüber, die zehn Jahre lang zur ´anderen Seite´ gehört hatte …. auch Rue Youssef Semaani hieß." (beide S. 76) Sie steht mit ihrem Wuschelkopf vor dem Straßenschild und hat die Hände in die Hüften gestemmt. Der quergestreifte Pulli setzt einen festuntermauernden Ton. Von oben ragen Baumblätter ins Bild. 1991, kurz nach Kriegsende, spaziert die Familie erstmals ins Zentrum. Der Vater erklärt, was wo gewesen sei, zeigt auf Ruinen und nochmal Ruinen und nochmal Ruinen – sein Mund wird immer trauriger und kleiner. Danach braucht er einen Kaffee zur Aufmunterung. Der Bruder ist zufrieden, er hat viele neue Granatsplitter für seine Sammlung gefunden.

Das Buch endet mit dem Libanonkrieg 2006, als über einen Monat lang die Grenzkonflikte zwischen Libanon und Israel wieder auflebten. Schon vor 20 Jahren hat Zeina Abirached Angst gehabt, ihre Lieben dort zu verlieren. Den „Lärm der Bomben" (S. 88)

---

[4] Kampfroboter aus einem japanischen Manga von 1975. https://de.wikipedia.org/wiki/Grendizer, 29. Januar 2018
[5] Wie 2.

vergisst sie nicht – beim Gewitter tröstet ihr Freund sie unter einer riesenblumigen Decke. An der Grenze vom Libanon zu Israel herrscht noch heute Waffenstillstand, sie wird nur immer mehr abgeschottet. Hört (der) Bürgerkrieg je auf?

Heike Oldenburg, Januar 2018

Quellen:
Zeina Abirached, Ich erinnere mich, Beirut, Berlin 2014, Orig. Paris 2008
Lühr Henken (Hrsg.), Spannungen, Krieg, Aufrüstung – und kein Ende?, Kassel 2017

Zu diesem Aufsatz:
Die Comiczeichnerin Abirached hat ihre Kindheit in einer Kriegsregion verbracht, und zwar in Beirut im Libanon. Sie wurde 1981 in die Kriegsphase hineingeboren und kannte bis zum Alter von 9 Jahren nichts anderes. Bereits der Titel „Ich erinnere mich" macht deutlich, dass sie persönliche Erfahrungen darstellt.
漫畫家阿比拉希德在黎巴嫩貝魯特的戰區度過了童年，她 1981 年出生在戰爭期間，9 歲之前她僅僅見識了戰爭的生活。標題「我記得」已經清楚地表明，所敘述的是其個人經歷。

„Schwarze Gedanken"
– zu Krieg und anderem von einem lustigen Zeichner

> „Der Albtraum fängt erst
> beim Aufwachen an."
> *André Franquin*

Ab 1977 produzierte André Franquin, einer *der* wichtigsten stilprägenden Zeichner Europas, eine Serie von One-Pagern, die Reihe „Schwarze Gedanken". Sie wurde in zwei Magazinen nacheinander veröffentlicht. 1983 wurden sie unter eben demselben Titel gesammelt herausgegeben. Es handelte sich um überraschende, kurze, 1- bis 2-seitige Gags, vor makabrem Humor triefend. Die Bezeichnung „Parodie/Satire" ist eine absolute Untertreibung! Franquins fröhlicher Pessimismus brachte diesen Humor der Verzweiflung hervor. Schon zuvor war er als Pazifist, Antimilitarist und Humanist für Sozialkritik offen geworden. In den schnellen, brutal-scharfen Gags nahm Franquin kriegslüsterne Militärs, Jäger, brutale Pferdesportler und auch einfach Menschen, die Pech haben, auf's Korn. Im Vorwort seiner mutigen und ehrlichen Zeichnungen ohne Überschriften wird er als „verträumter Franquin" bezeichnet, als „Atemberaubender Franquin. (...) Franquin, die Zartheit." Sensibel muss ein Mensch sein, wenn er die Realität so krass wahrnehmen und umsetzen kann – in einem fein-ziselierten Stil, der „das Geringe [...] unter der Hand zur Größe" (Gotlib) macht. Franquin war zeitlebens sehr berührbar durch das historische Geschehen. Er sah das Leben als Opfer „der Verheerungsmacht der Menschheit". (S. 60[1]) Indessen benutzte er sein Werk nur ausnahmsweise als Plädoyer, die Zeichnungen sprechen für sich. Franquin war sowohl Zeitzeuge als auch zeitlos, häufig seiner Zeit weit voraus. Immer unterstützte er „wirklich sehr solidarisch" und „mit großer menschlicher Wärme" (beide S. 80) anfragende Personen, Institutionen oder Zeitschriften.

Aus diesem Schwarz-Weiß-Band, den im Herbst 2017 neu aufgelegten „Schwarzen Gedanken", möchte ich zwei Einzelcomics für

---

[1] Alle weiteren Zitate aus „Es waren einmal Schwarze Gedanken", s. u.

den aktuellen Band „Politik im Comic" vorstellen. Sie haben mir von den sieben Comics zum Thema Krieg am besten gefallen. Beide bringen für mich Kriegs*un*lust sehr gut auf den Punkt. Episode aus dem Mittelalter: Soldaten auf der Mauer, jeder in einem kleinen Karree, mit Speeren, Morgenstern, etc. Im 1. Panel: Selbstsicheres Gebrüll: „SIEG!"und Gejohle: „Brunz! Flebeleb!" Nach rechts hinüber, werden in den Sprechblasen wachsamere Töne laut, die im 2. Panel darunter bis zum Zweifel fortgesetzt werden: „Es heißt, die haben eine geheime Wunderwaffe..." und am rechten Ende des Panels: „Hört ihr da nichts knirschen?" Das 3. Panel darunter nimmt die halbe Seite ein. Ein Riesenzahnrad zerquetscht sie alle. Am rechten Bildrand sagen sie noch: „... das ist doch alles nur falscher Alarm, um uns weich zu machen ...", während linker Hand einzelne Augen etc. herunterfallen. Auch hat Franquin seine Signatur in einer zermatschten Form daruntergesetzt. Feinheit bis ins Detail.

Der andere ausgewählte Comic ist mehr pazifistisch mit Ausblick auf Zukunft: Im 1. Panel schreit der General: „AAANGRIFF!", Säbel nach vorn gestreckt, Richtung Kanonen und Bomben. Ein Blitz kommt im 2. Panel aus der Wolke („BROOUMM"), der General samt Pferd spratzelt und wird zerschmettert. Das Fußvolk schreckt zurück. Im 3. Panel bleibt vom General nur das Knochengerüst. Die Soldaten haben Kehrtwende gemacht, nur deren Sprechblasen sind noch zu sehen: „Äh ... hat irgendjemand verstanden, was der gerade gesagt hat?" – „Also, ich hab nicht ..." – „Also dann, lieber weg von hier ..." und die lapidare Spitze: „Sollte mich nicht wundern, wenn's gleich anfängt zu regnen ..."

Franquin, 1924 in Brüssel geboren, war weithin bekannt und geschätzt für sein 1952 entwickeltes süßes Fantasiewesen Marsupilami sowie für seinen kreativen, versöhnlichen und fröhlich-kindlichen Chaoten Gaston Lagaffe. Er hat Gaston „rückblickend" als „ein Selbstporträt" bezeichnet. Bereits 1958-63 hatte Franquin aufgrund von Überarbeitung eine erste depressive Phase mit nervöser Gelbsucht. Er hörte zeitweilig auf zu zeichnen. Die 1977 wieder einsetzenden Depressionen verstärkten sich Anfang der 80er Jahre so, dass

Franquin nicht mehr arbeiten konnte. Sein Spätwerk waren die 1990 fürs Fernsehen geschaffenen Tifous. Diese drei fröhlichen Irrwichtel schlossen an seine frühere Schaffensfreude an.

Wie hat er diese schwierigen Lebensphasen überwunden? Liliane Franquin, die André 1950 geheiratet hatte, blieb an seiner Seite. Bereits anlässlich des 1989 verliehenen 1. Preises von Angoulême sagte Franquin über seine Vorliebe für Monster: „(…) Angst zu verbreiten liegt mir nicht. Meine Frau ist vermutlich die einzige, die sich von meinen Monstern schrecken lässt." (S. 15) Die „charmante und wohlwollende Gattin" ist immer sein „Schirm und Schutz" (beide S. 99) gewesen. Obwohl die meisten chronischen Depressionen in Phasen mit mehr oder minder langen gesunden Intervallen verlaufen, meinte Tochter Isabelle, geb. 1957: „Mein Vater war kein chronisch Depressiver, das muss man sich ganz klar machen! Mein Vater war ungemein witzig," (S. 25) „Mit ihm konnte man lachen, bis der Arzt kommt! (…) Er hatte so ein ungeheures Lachen!" (S. 47), überbordend, laut und schallend. Dabei kam er aus einer „traurigen Familie", „die zum Lachen in den Keller ging". (beide S. 71)

Franquins Depressionen traten erst *nach* dem Schaffen der Schwarzen Gedanken deutlich auf. Dass ein Mensch aus einer solch dramatisch-tiefer-am-tiefsten Phase des Leidens heraus seine frühere Lebensfreude wiederfinden konnte, bleibt ermutigend.

Drei Monate vor seinem Tod äußerte Franquin: *„Wenn ich mir so anschaue, was aus der Welt wird, bin ich ganz zufrieden, nicht mehr lange dabei zu sein."* (S. 99, kursiv im Orig.)[2] 1997 starb Franquin 73-jährig an Herzversagen in Nizza. Seine Witwe überlebte ihn um zehn Jahre. Zum 40-jährigen Jubiläum erschien ein 128-seitiger Sonderband „Es waren einmal Schwarze Gedanken" mit unveröffentlichtem Material, vielen Interviews sowie Hommagen.

Heike Oldenburg, Januar 2018

---

[2] Weniges kann ich als einen Selbsttötungsversuch Überlebende *so* gut nachempfinden wie diesen Satz!

Quellen:
André Franquin, Schwarze Gedanken (Orig. Idées noires), 1983, dt. 2005, Neuauflage Hamburg 2017
André Franquin, Es waren einmal Schwarze Gedanken, Hamburg 2018
https://de.wikipedia.org/wiki/Andr%C3%A9_Franquin, 13. Januar 2018
https://www.thalia.de/shop/home/rubrikartikel/ID62427462.html?ProvID=11000522, 20. Januar 2018

Zu diesem Aufsatz:
Franquin, ein berühmter belgischer Zeichner, wird in seinem widersprüchlichen Schaffen dargestellt. Obwohl Erfinder des zarten, lustigen Marsupilamis, hat Franquin – ein solidarischer, feinfühliger Mensch – in großer Detailtreue immer wieder die Verheerungsmacht der Menschheit gezeichnet. Zum Jubiläum wurde 2018 ein Extraband mit Interviews, Hommagen u. a. veröffentlicht.
本文介紹著名的比利時畫家弗朗坎與其矛盾多端的作品。雖然創造了敏感又滑稽的馬蘇皮拉米，弗朗坎這位主張團結又心思細膩的作者亦詳細描述了人類的毀滅性力量。在 2018 年的周年紀念日上有新特輯問世，包含採訪紀錄、致敬篇等等。

Kriegskritik und „Helden"-Bilder in Comics europäischer Herkunft: Fragen und Probleme

Krieg abzubilden, ist im Grunde ein Leichtes. Man zeigt Soldaten und ihre Schusswaffen in der Schlacht, wahlweise mit Panzern, Schiffen oder Flugzeugen, und schon wird den meisten Leser*innen klar, womit sie es zu tun haben und woraus Krieg anscheinend nur besteht: aus Waffen, Kampf und dem Tod „echter Kerle". Und wenn man möchte, dass die Leute den Eindruck haben, dass man den Krieg kritisch sieht, lässt man die Soldaten (in den meisten Fällen ja Männer) von ihrem Elend und ihren Ängsten oder auch von Schuldgefühlen berichten oder zeigt solche Themen im Bild – hier unterscheidet sich Literatur wie Remarques berühmtester Roman kaum von Filmen wie „The Thin Red Line" (Terrence Malicks verkürzender Verfilmung von James Jones' Roman aus dem Jahr 1962) oder eben von Kriegs-Bildgeschichten, beispielsweise Tardis Büchern zum Ersten Weltkrieg. Das Genre ist also fest umrissen und einige Elemente einer Kriegserzählung werden von den Lesern erwartet, wenn nicht sogar mit Nachdruck eingefordert.

Wie lässt sich diesem Stereotyp einer Kriegsschilderung entkommen? Comics bzw. Bildgeschichten bieten wie filmische Darstellungen keine langen Text-Blöcke, sondern etwas visuell Gestaltetes, bei dem wir eine spezifische Formsprache und jeweils eigene Bedeutung wahrnehmen: Bilder. Dies hat den Vorteil, dass die Kunstproduzierenden auf eindrückliche Weise zeigen können, wie das seelische Leiden und die physische Zerstörung im Krieg aussehen, fast immer verbunden mit einer Figurenerzählung, welche die Leser*innen mitnimmt in eine andere Welt. Und all das, ohne dass man den – heute oft als aufwändig angesehenen – Umweg einer Buchstaben-Fassung der vielleicht selben Geschichte gehen muss (man denke hierbei auch an Literaturadaptionen). Zeichnungen / Comics haben gegenüber Filmen zudem den Vorteil, dass die Zeichner*innen (fast immer in Zusammenarbeit mit den Texter*innen) so manchen digital erzeugten Spezialeffekt locker überbieten, denn was immer im Bild gezeigt werden soll, kann (einmal die Kunstfertigkeit vorausgesetzt) den Leser*innen auf dem Papier vor Augen geführt werden – das schaffen die Filmschaffenden ähnlich erst mit dem Trick der teuren CGI. (Ein Beispiel hierfür ist die von dem Belgier Marvano für den Vietnamkriegs- bzw. Science-Fiction-Roman „The Forever War" von Joe Haldeman erschaffene Bildwelt, mit deren Magie auch ein vielleicht doch noch kommender Spielfilm von Ridley Scott nur schwer mithalten könnte.) Doch wo sich beide wieder begegnen: Es geht gar nicht immer um perfekte Mimesis. Sicher, das Gemeinte muss erkennbar sein, sonst geht im schlimmsten Fall aller Inhalt verloren, doch gerade das Aufbrechen und Aufzeigen der Realitätsnachahmung als ebensolche kann durchaus beabsichtigt und für die Erzählung hilfreich sein. Der „schöne" Comic muss nicht immer der bessere sein. Zeichnungen sind in den meisten Fällen noch eher als künstliche Nachahmung der natürlichen Welt zu erkennen, als das bei einem Foto oder einem bewegten Bild der Fall ist. Bei dieser Erzählweise ist sofort auffällig, dass hier mit Absicht etwas künstlich Geschaffenes gezeigt wird, das als Bedeutungsträger fungiert. Und wenn es der Erzählinhalt erfordert, kann genau dadurch unser übliches Denken in Mustern, Stereotypen und Klischees aufgebrochen werden – für Geschichten über Anti-Militarismus, Tabuthemen wie Schuld, politischen Widerstand und Gesellschaftskritik bzw. -wandel gegebenenfalls entscheidend. Die sequenzielle Gestaltung von Bildgeschichten, also die Aufeinanderfolge von Bildern und die Möglichkeit einer freien künstlerischen Darstellung der Wirklichkeit, lässt einen Freiraum für die real gegebene Vielfältigkeit und die Erörterung komplexer moralischer Fragen, beispielsweise in einer Kriegssituation. Dies geht natürlich auch mit Prosa, mit Text, doch die Möglichkeiten einer grafischen Erzählweise ungenutzt zu lassen, wäre beinahe fahrlässig (noch dazu in einer immer visueller gestalteten globalen Kultur und Gesellschaft, man denke nur an die Verbreitung von Mangas weltweit). Setzen wir die beiden Medien Prosatext und Bildgeschichte nicht in Gegensatz. Für die politische Diskussion ist der gesellschaftskritische „Graphic Novel", der Bild-Roman, eine Bereicherung und steht im deutschsprachigen Raum längst – so wie in anderen Gesellschaften, etwa Frankreich – als gleichwertige Kunstform neben Roman, Erzählung, Drama und Gedicht. Und das zu Recht, wie die Beispiele in diesem Sammelband zeigen.

(Und wer von Goethe begeistert sein sollte, möge in Simon Schwartz' Einleitung zu seinem Buch über Rodolphe Töpffer Goethes Begeisterung über die neue Kunstform nachlesen.)

Den Vereinfachungen, Verharmlosungen und Beschönigungen, denen wir in so vielen Werken zum Kriegsthema begegnen, kann im Comic etwas entgegengesetzt werden. Allerdings wird dafür ein realistischer und das heißt meist ein kritischer Blick auf die gesellschaftlichen Handlungsweisen benötigt, eine Zeichnung, die ebendies vermag: das gewohnte Denken zu hinterfragen und neue Sichtweisen anzuregen. Was ist Krieg? Generalstab, Landkarte, Schlacht und Geschichtsbuch? Männer mit Waffen? Ja, das kann Krieg sein, doch in Wirklichkeit geht es um so viel mehr als um Generäle, „going over the top" und Männer, die schießen, töten und sterben. Und selbst dann, wenn (Front-)Soldaten im Zentrum der Erzählung stehen, kann von ihnen mehr gezeigt werden als „heldenhafter" Kampf und die mit Legenden verpackte „Männlichkeit und Tapferkeit im Angesicht des Feindes", wie es in den Wild-West-Narrativen und Rittergeschichten-Konzepten vieler Kriegsromane und -filme dargestellt wird (Beispiele sind „Saving Private Ryan" und „Enemy at the Gates"). Einige positive und negative Beispiele dieser „Helden"-Darstellungen und kriegskritischer grafischer Literatur sollen im Folgenden betrachtet werden.

******

„Alans Krieg – Die Erinnerungen des GI Alan Cope" (französischer Originaltitel „La Guerre d'Alan – d'après les souvenirs d'Alan Ingram Cope") ist die Schilderung eines US-amerikanischen Soldatenlebens im Zweiten Weltkrieg und sprengt den oben beschriebenen engen Rahmen einer Kriegsdarstellung, was das Inhaltliche, aber auch, was das Zeichnerische betrifft – oder besser gesagt, was die Verbindung dieser beiden Elemente angeht. Diese Trilogie des 1964 in Frankreich geborenen Zeichners und Szenaristen Emmanuel Guibert (berühmt auch durch die gemeinsam mit Didier Lefèvre und Didier Lemercier geschaffene Trilogie „Der Fotograf") wurde im französischen Original in den Jahren 2000, 2002 und 2008 bei L'Association (Paris) veröffentlicht, von der Edition Moderne (Zürich) gab es zuletzt 2010 eine deutschsprachige Ausgabe aller drei Teile (Übersetzung von Christoph Schuler). Dieser Band besticht rein äußerlich durch seine romanhafte Länge (über 300 Seiten) und die sofort auffallende Verbindung von nacherzählter Lebensgeschichte in Zeichnungen, berichtenden Textanteilen und Fotodokumenten. Die Schweizer Ausgabe hat zudem die für eine Kriegserzählung eher unübliche gelbe Farbe auf dem Buchumschlag (gleichzeitig wurde auf die mehrfarbige Gestaltung der letzten, die Graphic Novel schließenden Seiten verzichtet, wie es in anderen Sprachversionen der Fall ist). Auf dem Zürcher Titelbild ist unerwarteterweise keine Kampfszene abgebildet, sondern ein US-Soldat, der auf einem wartenden Panzer sitzt, den Helm in der Hand, keine Waffe im Anschlag. Auch dies ungewöhnlich und Interesse weckend.

In „Alans Krieg" berichtet Guibert von der Lebensgeschichte des 39 Jahre älteren Cope, der 1943 als junger Mann in die US-Armee eingezogen wurde, nach Stationen in Frankreich den Rhein überquerte, später unter dem Befehl von General Patton bis nach Prag kam, um schließlich 1946 in Bad Wiessee am bayrischen Tegernsee zu landen und dort das Kriegsende zu erleben. Copes Erlebnisse sind nicht die derjenigen Truppen, die beispielsweise 1944 in der Heckenlandschaft der Normandie unter starkem Beschuss der Wehrmachtssoldaten standen oder die in Italien nur bei hohen Menschenverlusten und nur langsam die deutschen Truppen zurückdrängen konnten, Cope erlebt relativ wenige Kampfsituationen, doch er weiß das natürlich noch nicht, als er im Frühjahr 1945 in Le Havre ankommt. Durch die intensive Zusammenarbeit des Zeitzeugen mit dem Autor ist eine beeindruckende Erzählung entstanden, die von Empfindsamkeit (in jenen Zeiten!) und realistischer Kriegsschilderung gleichzeitig geprägt ist.

Gleich zu Beginn wird in auffällig unaufgeregten Bildern von den kleinen Nöten und Sorgen der Soldaten der unteren Ränge berichtet. So wird beispielsweise geschildert, wie im Rekrutenzug zuallererst die Fremdheit des Armeelebens und zeitgleich die ständige Nähe der Mitsoldaten akzeptiert werden muss. Die Männer ziehen auf eine selbstverständliche Weise in den Krieg. Cope sagt: „Als ich achtzehn wurde, sagte Uncle Sam, ich sollte eine Uniform anziehen und gegen einen Typen namens Adolf kämpfen. Das tat ich dann." (S. 11) Doch die Bilder, oft sehr einfach gehalten, ohne Hintergrund, in Schwarz-Weiß, und die begleitenden Texte, in ruhigem Erzählgestus, manchmal sogar unerfahren-naiv sprechend (und dadurch einen authentischen Eindruck gebend) zeigen, wie schwierig die Lebenssituation dieser Soldaten war. Guibert schreibt im Vorwort, dass er „keinen Essay über die Bedingungen der GIs im Zweiten Weltkrieg verfassen wollte". Doch seine Erzählweise und seine Bildgestaltung geben den Leser*innen derart die Möglichkeit, in die damalige Zeit einzutauchen und das Lebensgefühl der jungen Soldaten nachzuspüren, dass durchaus ein verallgemeinerbares Bild entsteht, ein Zeitzeugnis, von Guibert grafisch-literarisch verändert, und es entwickelt sich eine lehrreiche und gleichzeitig an die Geschichte bindende Erzählstimmung. Humanität und versteckte Angst um das eigene Leben sind die beiden bestimmenden Motive dieser Bildgeschichte.

Denn es kann keinesfalls behauptet werden, dass diese Erzählung die Schrecken der Kriegs ausblendet. Im Gegenteil: Wann immer Ereignisse wie Kampf und Waffenhandwerk gezeigt werden, wird gerade durch die manchmal fast schematisch gehaltene Abbildungsart Guiberts der Eindruck von Unmittelbarkeit und nachfühlbarer Wirklichkeit erweckt, der sich beim Lesen nach und nach verfestigt. Wir können an Copes Erlebnissen direkt teilhaben, seine Perspektive wird in den relativ gleichmäßig und dadurch überschaubar folgenden Panels zu einem Guckrohr in die Vergangenheit und das beinahe nebenbei fühlbare Grauen. Hier springen keine rauhbeinigen Frontschweine über den Stacheldraht oder wirbeln Superhelden mit magischem Schild durch die Luft. Guiberts Schilderung fokussiert eben nicht auf die „Helden"-Momente. Es geht ihm nicht darum, die Leser*innen mit Szenen von Angriff, Front und Feuerwaffen abzuspeisen, Guibert will die Menschen zeigen, ein Leben beschreiben, in einer Art historisch-glaubwürdiger Nahaufnahme. Cope ist in einem gewissen Sinne gern Soldat, doch er leidet auch an so manchem Schrecken, den er gar nicht nachvollziehen kann: Er stirbt beinahe, als er sich bei einer Manöverübung vor einem Panzer, der ihn überrollen soll, in einem zu flachen Erdloch versteckt, er muss immer wieder erleben, wie Menschen, denen er nahesteht, sein Leben überraschend verlassen oder er ihres verlassen muss (durch Tod oder Abschied), und er versucht, seine Zeit für den Kontakt mit der Welt zu nutzen und mehr zu lernen und zu probieren, ohne zu wissen, wohin ihn die Extremsituation Weltkrieg noch führen wird.

Wir sehen bei Guibert bzw. Cope: Krieg und Kampf sind mehr als nur das Schießen und „harte" Männer. Gerade die Zeiten zwischen den Kämpfen und nach dem Krieg, das spätere Zusammenleben mit deutschen Freunden und Familien sowie die Verarbeitung von Gewalt-Erlebnissen sind um einiges wichtiger als das, was wir in modernen Unterhaltungsfilmen und -comics als „Kriegermentalität", Coolness und „Helden"-Mythos vorgespielt bekommen. Guibert hat die Erzählung von Alan Ingram Copes Leben folgerichtig fortgeführt und erzählt in den weiteren Bänden über dessen Kindheit und über seine Jugendliebe Martha.

******

Tim bzw. Tintin kennen alle. Die journalistischen, feuilletonistischen, wissenschaftlichen und künstlerischen Texte und Bildgeschichten, die sich mit Hergés Werk befassen, sind so zahlreich, dass man tatsächlich Tintinolog*in werden müsste, um umfassend zu verstehen, was dieser Comic-Pionier und Meister der sequenziellen Kunst erschaffen hat: den Kosmos einer unendlich scheinenden Abenteuerwelt, die Propagierung der „ligne claire" und die Möglichkeit, dass „Comic-Zeichner" Bücher verkaufen und dadurch ein (künstlerisches) Leben haben können und nicht nur Wegwerfbilder für Zeitungen produzieren.

Ja, das ist jetzt verkürzt, sowohl was die Verdienste Hergés angeht. Aber ebenso verkürzt, was seine politischen Fehler und bleibenden historischen Verantwortlichkeiten betrifft: etwa Chauvinismus („Tim im Lande der Sowjets"), Rassismus („Tim im Kongo"), Antisemitismus („Der geheimnisvolle Stern") und die Kollaboration während der Besetzung Belgiens durch NS-Deutschland. Auch über Antiziganismus in Hergés Geschichten wird diskutiert (siehe Dolle-Weinkauff 2000). Doch insgesamt müssen seine fantastische Bilderwelt, seine Erzählweise und sein Zeichenstil etwas Einzigartiges haben, dass uns weiterhin fasziniert. So reißt das Gespräch über dieses Gesamtwerk nicht ab (siehe auch die nationalkulturelle Vermarktung im 2009 eigens erbauten Musée Hergé in Louvain-la-Neuve, Belgien) und ebenso wenig die Beschäftigung mit „Tim und Struppi" (neben anderen Reihen wie „Quick et Flupke, gamins de Bruxelles" und „Les Aventures de Jo, Zette et Jocko"). Meine Überlegungen sind nur ein Teil dieser Diskussionen.

Tim schießt. Immer wieder und mit viel Erfahrung. Wie kommt es, dass ein Reporter so sicher und trickreich mit Handfeuerwaffen umgehen kann? Wenn man sich die Tim-Alben ansieht, wird von Beginn an viel gekämpft, geprügelt und eben auch geschossen. Schaut man genau hin, lässt sich in der Heftreihe (deren Entstehungszeit ja immerhin fast 60 Jahre umspannt) beinahe die Geschichte der Schusswaffenentwicklung nachverfolgen: Wenn in „Tim im Lande der Sowjets" noch mit den damaligen wassergekühlten Maschinengewehren geschossen wird, sind einige Episoden später (etwa in „Die Zigarren des Pharao") bereits frühe Maschinenpistolen und fortentwickelte schwere Maschinenwaffen zu sehen. Und während Hergé bei einigen Techniknovitäten wie Haifisch-Ein-Mann-U-Booten oder auch außerirdischen Raumfahrzeugen und der „Alpha-Kunst" (zusätzlich zu intensiver Recherche) einige Fantasie entwickelt, bleibt er (nicht nur) bei den Waffenabbildungen auf der technisch korrekten und geschichtlich akkuraten Seite, Beispiele sind die Panzer in „Der Fall Bienlein". Am Ende dieser Reise durch die Waffengeschichte stehen die modernen Handfeuerwaffen, die beispielsweise in „Flug 714 nach Sydney" abgebildet sind. Unrealistische Darstellungen sind Hergés Sache spätestens seit seinem Ägypten-Abenteuer nicht mehr, gut zu sehen auch an den Änderungen des Aussehens von Flugzeugen, Autos und Zügen, die im Laufe der Neubearbeitungen bzw. Modernisierungen der Heftreihe vorgenommen wurden. (Hier darf die scheußliche bis unverständlich zu nennende Nachahmung der „V2"-Raketen, mit denen Soldaten der faschistischen Wehrmacht Menschen in Belgien, Frankreich, Großbritannien und den Niederlanden beschossen hatten, nicht vergessen werden. Der Ursprung von Hergés Raketendesign wird sogar ganz direkt in „Der Fall Bienlein" angesprochen, wenn die originale Broschüre von Leslie E. Simon über diese NS-Waffenentwicklungen gezeigt wird. Allerdings wurde im Comic das Hakenkreuz von Simons Titelbild genommen, was aus rechtlichen Gründen geschehen sein kann oder weil Hergé nicht gern an seine Unterstützung des deutschen Faschismus erinnert werden wollte.) Bisheriges Fazit: Wenn in „Tim und Struppi" geschossen wird, dann stimmt die Historie und es gibt eine glaubhafte Darstellung der Waffen.

Nun stellt sich die Frage, wozu die Darstellung von Gewalt in diesen Geschichten dient. Sicherlich, es sind Abenteuergeschichten, da geht es nicht ohne Kampf und Waffeneinsatz ab. Das Genre fordert, dass Tim „Schurken ausschaltet", sich zu wehren weiß und auch mal richtig zuschlagen kann bzw. weiß, wie man mit Pistolen, Gewehren und automatischen Waffen umgeht. Aber wozu? Abenteuererzählungen sind Geschichten über Männer mit Mut und Tatkraft, Männer, die sich in der „harten" Welt durchzusetzen wissen und dadurch den (meist) kindlichen und jugendlichen Lesern das Gefühl von Stärke und Sicherheit geben, und deren Geschichten natürlich auch Spaß an eben diesen zu bestehenden Abenteuern zu wecken beabsichtigen.

Jedoch kann man nicht zurückweisen, dass die Leser sich in der realen Welt bewegen und dort eben genau diese Waffen und ihre traurige Anwendung beobachten und erleben. Übertrieben gestaltete Zweihänder von Fantasy-Helden oder Lichtschwerter aus Space-Opera-Erzählungen wie „Star Wars" haben wohl einen ähnlichen Effekt, aber dort ist (hoffentlich) den Lesern von vornherein klar, dass es (neben Troststiftung) um pure Unterhaltung gehen soll. Nicht so bei Hergé: Sein „Held" schießt in der Wirklichkeit und wird dabei als der „Gute" dargestellt bzw. wahrgenommen. Ein Held, dem – zumindest in der jugendlichen Fantasie – nachgeeifert wird. Und so vermittelt „Tim und Struppi" die Botschaft, dass tödliche Gewalt mit Humor gepaart werden darf (auch die Explosionen von Artilleriegranaten sind für die Getroffenen lediglich etwas Lustiges). Ein Abenteurer bzw. selbsternannter Hilfspolizist darf und muss also mit Waffen üben (obwohl wir das in Hergés Geschichten nie sehen –„Tim auf dem Schießstand"?) und er muss bereit sein, andere Menschen mit Schusswaffen zu verletzen oder gar zu töten. In vielen Situationen wirkt der „junge Reporter" eher wie ein pubertäres Überbleibsel aus Hergés Pfadfinder-Zeiten und scheint sich selbst als eine Art Veteranen-Soldaten zu sehen: So fliegt Tim wie selbstverständlich Kampfflugzeuge, wirft Handgranaten, schießt scharf, kennt sich mit Panzern aus, kennt Dschungelkampf-Tricks und ruft quasi fachmännisch (oder söldnermäßig?) „Touché", als er (mit einer Kalaschnikow!) ein vorbeisausendes Flugzeug getroffen hat. Und er verbindet dies alles – als wäre das ganz normal – mit dem ruhigen Leben eines höflichen, wissbegierigen und auf natürliche Weise rechtschaffenen jungen Mannes. Man fragt sich, durch welche Schule Journalisten früher gehen mussten bzw. welche Erwartungen damalige (und heutige) Leser an Abenteuerhelden hatten. Was wollen wir (im Abenteuer- und Kriegsgenre) sehen? Harry Potter als einfühlsamen Konflikt-Mediator zwischen Voldemort und Dumbledore oder eher einen um sich fechtenden und meuchelnden Aragorn, der die Welt mit seiner „Manneskraft" vor dem Bösen rettet? Körperliche bzw. militärische Gewalt und Waffen sind ein Attraktionspunkt und das wusste auch Hergé. Nicht alles, was Tim und seine Freunde und

Feinde erleben und überleben, sind Gewalthandlungen. Und Tim schießt nicht mit sadistischen oder mit Mordgedanken, er bewahrt (fast) immer Maß. Doch was am Ende bleibt, ist eine schleichende Verharmlosung von Waffengewalt und die Überzeugung, dass (Schuss-)Waffen ein sinnvoller oder vielleicht sogar schöner Teil unseres Lebens sind bzw. sein sollten. (Und das ist eigentlich NRA-Gedankengut.)

Doch sind wir nicht alle Waffenfanatiker geworden, auch wenn wir „Tim und Struppi" gelesen haben, da wären andere Medien und gesellschaftliche Praktiken viel eher eine Diskussion wert – etwa Kriegsfilme und -romane, Killerspiele, Ausbildung an Schusswaffen (beispielsweise in der Bundeswehr) und eine fehlende Aufarbeitung der Verbrechen der NS-Zeit, vor allem für die Generation der Weltkriegskinder. Fruchtbar für die fortgesetzte Hergé-Rezeption ist jedoch die Frage, welchen Einfluss diese Comic-Serie auf nachfolgende Künstler*innen hatte und wie diese mit seiner Hinterlassenschaft umgehen. Bei den beiden hier vorgestellten Künstlern handelt es sich um Autoren bzw. Illustratoren mit einer sehr eigenen Zeichentechnik und Darstellungsweise, kraftvoll, ins Auge springend und provokativ im ersten Fall, im zweiten jedoch nicht weniger beeindruckend und die menschlichen Schwächen und Maskeraden durch einen vagen und sympathieweckenden Zeichenstil auf eine leise Weise entlarvend. Interessanterweise gibt es bei beiden Zeichnern einen Afrika-Kontext (man könnte sich ja z. B. auch Tims Abenteuererlebnisse während der japanischen Aggression in China anschauen und deren stereotypische oder sozialkritische Aspekte untersuchen).

Der 1967 geborene Südafrikaner Anton Kannemeyer beispielsweise nimmt in „Papa in Afrika" (2014 bei avant auf Deutsch erschienen) das Motiv von Tims Schießwut auf und deutet sie als rassistische Denkweise und brutale Behandlung bzw. Bestrafung der afrikanischen Ureinwohner*innen: In einer kurzen Bildgeschichte von Kannemeyer wird eine Episode aus Hergés Afrika-Band dadurch persifliert, dass Tim (bzw. eine deutlich als Tim zu erkennende Figur) in einer sehr ähnlichen Szenerie nicht Antilopen, sondern Menschen mit schwarzer Hautfarbe „abknallt", ohne Stopp und ohne Menschlichkeit – und ihnen hernach wie erlegtem Wild ganz selbstverständlich Körperteile, hier die Hände, abschneidet (siehe dort S. 10-11). Diese Morde sind in ähnlicher Weise wirklich geschehen bei Kolonisierungen und Eroberungen durch Europäer (nicht nur in Afrika), hier bei Kannemeyer sind sie dementsprechend Hinweis auf eine paternalistische bis rassistische Ideologie und auf die Verachtung angeblich „niederer Rassen". In anderen die Figur Tim zynisch modifizierenden Geschichten oder Einzelbildern wird noch mehr von dem aufgedeckt und zur Diskussion gestellt, was der junge Georges Prosper Remi in seiner konservativ-katholischen Kindheit und am Karriereanfang von dem rassistisch denkenden Abt und Journalisten Norbert Wallez über die Welt erzählt bekommen hatte. Das alles mag dem späteren Autor Hergé als kein großes Vergehen gelten, war doch (angeblich) die ganze damalige (belgische und europäische) Gesellschaft von diesem Kolonial-Denken überzeugt – Rassismus war und bleibt es doch.

Ähnliche intertextuelle Kommentare zu Hergés Werk sehen wir bei Joann Sfar: In seiner seit 2002 laufenden Graphic-Novel-Serie „Die Katze des Rabbiners" lässt der 1971 geborene französische Medienschaffende und Comic-Zeichner (u. a. beteiligt an der Fantasy-Parodie „Donjon") die Leser*innen die skurrile Geschichte von einer Katze miterleben, die sprechen kann, weil sie einen Papagei gefressen hat, und die in der Folge mit ihrem Herrchen, einem Rabbiner im Algier der 1930er Jahre, philosophische Dialoge über die jüdische Religion und über gesellschaftliche Ethik führt. In den späteren Bänden entwickelt sich die Handlung so weiter, dass eine Gruppe um den Rabbiner vom Maghreb aus ins zentrale Afrika reist, um eine sagenhafte Stadt mit dem Namen „Jerusalem" zu finden (siehe auch McKinney 2011), und während die Gruppe gerade im belgischen Kongo unterwegs ist, trifft sie dann (im Band „Jérusalem d'Afrique") überraschend auf die Figur eines „jungen Reporters" (der unmissverständlich Hergés Tim darstellt). Dieser verhält sich überheblich und besserwisserisch, ist mehr als eingebildet, belehrt die anderen mit seinen „Weisheiten", als seien sie im Vergleich zu ihm unwissende Kinder, und er schießt auf alle Tiere, die sich in der Nähe der Gruppe befinden – auch sein Hund wird als „Idiot" geschildert. Am Ende des kurzen Treffens (nach einer Seite mit sechs zugespitzt und unterhaltsam erzählten Panels) ist die Gruppe froh, „Tim" wieder los zu sein, der in eine andere Richtung weiterreist.

Man fragt sich, wozu Sfar dieses Literaturzitat in seine Bildgeschichte aufgenommen hat und wie die negative Deutung der Figur entsteht. Es geht um Kritik an einer (weitverbreiteten) Haltung. Dazu muss man sich bewusst machen, dass sich die gesamte Reihe um das Thema Humanität dreht, d. h. es geht stets darum, wie die Menschen lernen könnten, einander besser zu verstehen, und um die Idee bzw. Hoffnung, dass die unterschiedlichen Kulturen – bei allen dabei auftretenden Schwierigkeiten – ihre Unterschiede nicht als trennende begreifen und ihre wichtigen menschlichen Gemeinsamkeiten erkennen sollten. In Sfars Geschichte geht es konkret um die Koexistenz von arabischer und jüdischer Kultur in jener Zeit. Eine Figur, wie diese Autor sie in „Tim" sieht, passt nicht in diese Weltsicht, denn der angeblich an Wissen so reiche und aufgrund seiner europäischen (und katholischen?) Überlegenheit so dominant auftretende „Missionar" verhält sich im Gegenteil brutal gegenüber anderen Menschen (und Tieren). Gerade er ist nicht zivilisiert, wenn er dessen auch selbst so sicher ist, er verkörpert nicht die aufgeklärt Lebensweise, die in Sfars Reihe zu spüren ist: Tim wird als Gewaltmensch interpretiert. Spannende Deutung!

Man mag einwenden, dass sich Haltung und Ansichten von Hergés Figur seit seinen ersten Alben und nach der offensichtlichen Arbeit für das NS-Regime gewandelt und verbessert haben. Das ließe sich wohl behaupten. Doch dass der schießwütige und mindestens eurozentristisch und chauvinistisch agierende Tim in den Werken von Kannemeyer und Sfar so schlecht wegkommt, ist erst einmal politisch wichtig.

Eine kurze Anmerkung sei jedoch gemacht, um neben allem anderen

Hergés Willen zur Gesellschafts- und Wirtschaftskritik zu zeigen: In dem Band „Der Arumbaya-Fetisch" porträtiert er den berühmten Waffenhändler Basil Zaharoff, der ab den frühen Balkankonflikten und bis nach dem Ersten Weltkrieg seine Taten beging (u. a. durch den Export von Maxim-Maschinengewehren) und auch schon mal beide Seiten eines Konflikts belieferte (vgl. Farr 2006, S. 62). Seine Firma heißt in der englischsprachigen Version „Korrupt Arms GmbH" – ein Hinweis auf Zaharoffs Beteiligung an Krupp? (In anderen Versionen, auch der deutschsprachigen, wurde mit „Vicking Arms" ein Name gewählt, der auf den Vickers-MG-Produzenten deutet, für den Zaharoff ebenfalls Schusswaffen verkaufte.) Dieser Waffenhändler fliegt durch die Welt und verkauft Kanonen und Geschosse, hier an die fiktiven Staaten San Theodoros und Nuevo Rico. Gemeint sind Bolivien und Paraguay, die in den 1930er Jahren beinahe 100.000 Menschen ihrer Bevölkerung im Interesse von Großkonzernen „auf dem Altar des Vaterlandes opferten". Hergés Erzählung weist auf die Interessen der Ölfirmen (in der Realität „Standard Oil of New Jersey", später „Exxon Mobil Corporation", und „Royal Dutch Shell") als wichtigen Konflikthintergrund und auf die Machenschaften der Waffendealer explizit hin. Immerhin dies!

******

Isabel Kreitz hat mit „Die Sache mit Sorge. Stalins Spion in Tokio" 2008 einen grafischen Roman vorgelegt, der sich von anderen Weltkriegs- und Faschismusdarstellungen deutlich unterscheidet. Dieser Band ist ein exzellentes Beispiel dafür, dass für die Thematisierung der japanischen und deutschen Kriegs- und Menschheitsverbrechen eben nicht zwingend das Schlachtfeld gezeigt werden muss. Die Andeutung, verbunden mit unserem historischen Wissen, reicht völlig. Der angefügte Teil mit Informationen zur Biografie des Spions Richard Sorge ist allerdings sehr hilfreich, weil eben nur sehr wenig über diese in der Geschichte eigentlich bedeutsame Person bekannt ist und Sorge von verschiedenen Seiten verunglimpft wurde bzw. die Angaben zu seinem Lebenslauf aus der historischen und politischen Dokumentation gelöscht wurden (so hat der „Ostblock" seine Existenz und seine Spionagetätigkeit in Japan viele Jahrzehnte lang geleugnet). Kreitz' Erzählung hat also eine wirkliche Figur als Protagonisten und mit der Spionage ein rares Sujet, noch dazu spielt die Geschichte in Japan, einem Land, dessen reale Gewaltgeschichte und -tradition in der deutschen Comic-Literatur so gut wie unbearbeitet ist. Wie gestaltet Kreitz das Thema der Kriegsspionage?

Es fällt kein einziger Schuss, keine Infanteristen sind zu sehen, doch die Leser*innen werden in eine Welt eingeführt, die von Gefahr und Todesangst geprägt ist. In Szenen des Alltags wird die Situation im Tokio der 1940er Jahre geschildert. Hier hat Sorge Umgang mit den deutschen Militärs und Unterstützer*innen NS-Deutschlands. Alle sechs bis zehn Seiten werden Kurzinterviews mit Bekannten oder Freunden von Sorge eingebaut, um die laufenden Geschehnisse zu ergänzen oder deren Verständnis zu erweitern – aus historischer Sicht interessanterweise auch aus der zeitlich entfernten Perspektive späterer DDR-Bürger*innen. Wir erleben die Menschen, unter denen sich Sorge damals bewegte, aus nächster Nähe und können sowohl ihre Anpassung wie auch ihre Furcht vor dem japanischen Militär-Regime und seinen Schergen nachempfinden.
Richard Sorge ist ein sehr impulsiv handelnder Mensch, kann sich nicht immer unter Kontrolle halten, rast mit dem Motorrad durch die Stadt, trinkt und hat Affären. Dies alles ohne den schmierigen Charme eines 007, denn Sorge ist überzeugter Kommunist, geerdet, ehrlich, aber auch idealistisch. Der Erste Weltkrieg war für ihn eine der bestimmenden Erfahrungen. Er ist bereit, für Stalin zu spionieren und weiß im Sommer 1941 schließlich zu berichten, wann genau die deutschen Truppen in die Sowjetunion einmarschieren wollen (eine Information, die vom Diktator Stalin allerdings nicht berücksichtigt wurde). Nicht viel später entdecken die japanischen „Sicherheits"-Behörden den Spionagering und Sorge und seine Freunde werden festgenommen. Ihr Tod lässt sich angesichts der Folter-Szenen vorhersehen. Doch vor seiner Aufdeckung konnte Sorge noch nach Moskau übermitteln, dass das japanische Militär keinen Angriff auf

den sowjetischen Machtraum plant. Dies macht im Winter 1941 sowjetische Truppen für den Einsatz gegen die deutsche Wehrmacht frei – durchaus eine geschichtlich wichtige Entwicklung des gesamten Kriegsverlaufs.

Der fast 250 Seiten starke Graphic Novel ist spannend und ergreifend erzählt, mit vielen detailreichen Zeichnungen. Anti-Kriegsliteratur ist das nicht und doch lernen wir viel über die Interessenspiele der Mächtigen und ihre konkreten Verbrechenshandlungen, die Kaltblütigkeit der Schläger und Polizisten, und dies im sonst so wenig bekannten Japan, dem Verbündeten des Hitler-Regimes. Gut ist auch, dass auf einigen Seiten die Gespräche gänzlich auf Japanisch geführt werden und die Leser*innen, die ja meist kein Japanisch lesen können, die Aussagen und die Handlung aus dem Bild heraus verstehen müssen und auch können.
Richard Sorge muss sich immer wieder verstellen, er leidet während seiner Arbeit an der ideologischen und ganz praktischen Brutalität der ihn umgebenden deutschen Nazis und faschistischen Japaner. Die Figur ist in ihrer aufbrausenden Art realistisch „gezeichnet" – mit allen menschlichen Ecken und Kanten. Ein „Held" im Sinne von Kriegsliteratur ist Sorge nicht, aber ein Mensch, der uns durch sein Leben das barbarische Dunkel der Kriegsführung erahnen lässt: Gnade gibt es nicht, Terror funktioniert verlässlich, auch für Sorge selbst. Denn am 7. November 1944 wird er in Japan hingerichtet.

******

Von 2014 bis 2018 hat sich der Erste Weltkrieg im Grunde noch einmal ereignet. Denn zum Hundertjährigen hat natürlich der Kultur- und auch der Wissenschaftsbetrieb veranstalten und veröffentlichen müssen. Und so gibt es von Peter Jacksons interessanter Weltkriegs-„Wiedervertonung" bis zu Wonder Womans „Durchmarsch" durchs Niemandsland ein breites Spektrum von Filmen und anderen Verarbeitungen der Materialschlacht-Thematik, meist mainstreamgerecht aufbereitet und mit einem bequem zu verfolgenden Plot, und vorhersehbar mit „Helden", die fürs Gute streiten und leiden. Und im Comic? Schauen wir ein paar Jahre zurück.

Dass es auch ganz anders geht, dass man nämlich Krieg, wichtiger noch die Kriegsteilnehmer auf eine Art zeigen kann, die nichts mit dem leicht verkäuflichen Verständnis von Heldentum zu tun hat, können wir in Gregor M. Hoffmanns Band „Viktor Skoff" beobachten, einer Bildgeschichte, die zurzeit des Ersten Weltkriegs spielt. In dieser 1994 beim Karicartoon-Verlag (Hannover) erschienenen Bildgeschichte zeigt der 1967 geborene Hoffmann exemplarisch den Typen des egoistischen und nur zum eigenen Vorteil handelnden Nicht-Helden. Wenn dieser Figurentyp in Kriegsliteratur auch fast immer negativ besetzt ist, gibt es doch wichtige Ausnahmen, etwa Hašeks „Schwejk" oder (in Literatur zum Zweiten Weltkrieg) Jakov Linds „Unteroffizier Bachmann" im Roman „Landschaft in Beton". Hier handelt es sich um Figuren in Werken, in denen der Krieg selbst als Verbrechen, als Wahnsinn und damit nicht als mögliches Feld für „positives" Heldentum gesehen wird. Wer also gegen den Krieg bzw. das „eigene" Land (als ob wir ein Land besitzen oder ein Vater-Land uns) handelt, tut das Richtige und muss sich dafür nicht rechtfertigen, sondern wird in diesen Werken als aufrichtig und mutig angesehen – pazifistische und anti-nationalistische Literatur, wie es sie viel zu selten gibt (bei Lind noch mit der bedeutenden Verbindung des Terrors der Wehrmacht mit den Verbrechen des Holocaust). Anders bei Hoffmann: Die Figur des Viktor Skoff ist ein verabscheuungswürdiger Zeitgenosse, dem die Anwendung physischer Gewalt nichts ausmacht und auch nichts bedeutet, selten zwar genießt er sie, bewertet sie jedoch in keinem Fall als unmenschlich. Nur der Profit zählt. Und dadurch gleicht er denen, die damals am Krieg verdienen, auch wenn sie nicht, wie Skoff, in Todesgefahr sind – gemeint sind die Großkapitalisten und die militärische, politische und klerikale Elite. Das Buch legt den Finger in die Wunde, die eine angeblich heile Nation im ersten total geführten Weltkrieg nicht wahrhaben will: Es geht um Macht und Geld, nicht um die wenigen Meter Erde, die von den Frontsoldaten erobert werden sollen. Die Propaganda muss verlässlich greifen, damit diese Männer ihr Todes-„Handwerk" ausüben, es auch nach Grabenlethargie und eventuellem Bomben-Trauma fortsetzen und anschließend sogar ins Maschinengewehrfeuer laufen, ganz klar ohne Hymne auf den Lippen, aber sie laufen, wegen der „Ehre", wegen der Sucht nach Männlichkeit. Ein Viktor Skoff denkt völlig anders, er hat seine Gewalterfahrung als Straßenkrimineller gesammelt und will einfach das Massensterben überleben und weiß auch, wie man das schaffen kann. Er desertiert. Auf S. 36 sagt er über den Fronteinsatz: „Ich hatte Angst. Ich habe geschrien vor Angst. Und dann hab ich draufgehauen ... alles kaputt .. mich erwischt es nicht ... ich will da lebend raus!" Das Panel zeigt Skoffs aufgerissene Augen in Nahaufnahme, in schmerzvoller Erinnerung verzerrt. Und so krass und dunkel wie die Handlung ist auch Hoffmanns Zeichenstil, schwungvoll bis fahrig, grob und doch gerade dadurch fesselnd und vor allem treffend, zur Geschichte passend „unschön". Er zeigt Charaktere und er zeichnet das Grauen auf (beispielsweise den Frontkampf und das Sterben, S. 21-24). Die Welt in und jenseits der Schützengräben ist gleich, die Menschen, denen wir hier begegnen, geben uns keinen Anlass zur Hoffnung, egal ob Soldaten oder Zivilisten, ob Männer oder Frauen. Doch am Ende werden wir auf eine gewisse Weise überrascht, wenn der Protagonist Verzweiflung spürt und nach einem Sinn bei dem ganzen kriminellen und gewalttätigen Treiben fragt, nicht, dass er es insgesamt in Frage stellt, doch der aggressive Antrieb geht ihm verloren, der ihm zuvor noch jede Unrechtstat ermöglicht hätte. Ein früher Hinweis auf diesen Anflug von Mitmenschlichkeit ist in der zweiten Hälfte der Erzählung das Erschießen eines schwerstverletzten Frontsoldaten, eine „Gnade", die Skoff ihm gewährt, um die Qualen des Verstümmelten zu beenden.

Hoffmanns „Held" ist keiner, auch kein antimilitaristischer, und doch verstehen wir gerade durch ihn all die Hohlheit der Phrasen von der Verteidigung des Vaterlands und von der Ehre, für eben dieses und für den Übervater, den Kaiser, zu sterben. Der Erste Weltkrieg wird in der britischen Gesellschaft neuerdings verstärkt diskutiert, in der deutschen Gesellschaft hat es, allerdings erst nach dem nachfolgenden Zweiten Weltkrieg (und den dort von Deutschen und Österreichern verübten, unglaublich größeren Verbrechen), nur noch wenige Gruppen gegeben, die dem Kriegstreiben von 1914-1918 (plus Nachkrieg) einen positiven Sinn zugesprochen haben. Doch die generelle Abkehr von soldatischem und bellezistischem Denken hat in der deutschen Gesellschaft viel, viel länger gedauert – und spätestens 1999 mit dem dritten Angriff auf Serbien (innerhalb von weniger als 100 Jahren!) und mit heutzutage so beliebten Begriffen wie „Geostrategie" und „internationale Verantwortung" gibt es wieder eine gefährlich breite Akzeptanz kriegerischen Denkens in der Berliner Republik. Skoff, der Egoist, war seinem eigenen Plan gefolgt, was gesellschaftspolitisch nicht verantwortungsbewusst gedacht ist, doch einfach der Herde nachzulaufen und die Nation bis zum bitteren Ende zu unterstützen und (Kriegs-)Verbrecher zu werden, konnte schließlich auch nicht die Lösung sein. Kein Friedensbuch und doch ein Buch gegen den Krieg. Eine gute Moral wird dringend benötigt, doch es ist nicht die Moral der Mächtigen und auch nicht unbedingt die Moral der Massen. Die Diskussion, wie die moralisch richtige Handlungsweise aussieht und wie sie begründet werden kann, geht also weiter. Ein erstes wichtiges Element für diese Debatte wird Hoffmanns Figur nicht in den Sinn kommen, nämlich die individuelle Wahrnehmung politischer Verantwortung im Sinne einer gemeinschaftlich konzipierten Friedensidee: Menschen müssen Menschen helfen, nicht den wenigen Nutznießern des Krieges, auch nicht in der Kriegsvorbereitung während der scheinbaren Friedenszeit. Es wäre interessant gewesen zu sehen, was Gregor M. Hoffmann weiter zu diesem oder ähnlichen Themen gesagt und gezeigt hätte (wie er es lustigerweise in seiner kurzen Selbstvorstellung am Buchanfang vollmundig ankündigt), leider folgte aber auf diesen Band nicht viel mehr. Trotzdem bleibt „Viktor Skoff" ein bedrückend-begeisterndes Stück grafischer Literatur über den Krieg und die Menschen darin, zeitübergreifend.

******

In neuen französischen „Bandes dessinées" ist der Erste Weltkrieg oft Thema, sei es als stofflicher Hintergrund einer Erzählung oder als Schilderung von Front und Kampf. In der ohnehin großen Comic-Kultur und -Szene Frankreichs ließen sich viele Namen nennen: Maël (beteiligt an „Entre les lignes", „Petites histoires de la Grande Guerre" und „Notre mère la guerre"), Éric Corbeyran, Jean-Yves Le Naour, Patrick Cothias, Jacques Tardi. Gerade letzterer hat mit seinen Werken, die (was die Materialschlacht-Thematik betrifft) beinahe schon als klassisch bezeichnet werden können, sowie mit seiner Zeichen- und Erzahlweise und durch die anhaltende Popularität seiner Bücher einen Standard gesetzt, dem schwer nachzukommen ist. Natürlich ist es wegen der anderen historischen Ausgangssituation für französische Zeichner*innen und Szenarist*innen eine etwas andere Sache, von Weltkriegsthemen zu erzählen, als das in Deutschland der Fall wäre (wo der Erste Weltkrieg selten ein Thema für Bildgeschichten ist). Welche Erzählungen enthalten die „BD" aus Frankreich über den „Grande Guerre"?

Corbeyran erzählt in der Reihe „14-18" (2017 bei Éditions Delcourt, Paris) gemeinsam mit Zeichner Étienne Le Roux, wie die „Poilus", die „einfachen" französischen Soldaten, während des Graben- und Materialkriegs leiden. Drastische Bilder von zerfetzenden Körpern kontrastieren mit Szenen in der noch sehr konservativen Gesellschaft Frankreichs. Realistische Erzählung, mit Fragen nach Gerechtigkeit, etwa wenn es darum geht, ob ein kriegskritischer Soldat (hier ein kommunistisch denkender) erschossen werden darf oder nicht, und mit leisen Zweifeln, ob es die viel beschworene Kameradschaft wirklich gibt. Bei aller Dramatik zum Thema passend unpathetisch und vernünftige erzählte Sozialstudie. Lesenswert!

In der Trilogie „Verdun" (2016-2018 bei Bamboo erschienen) schildern u. a. Le Naour und Marko die Geschehnisse, die sich in den Generalstäben und an der Front während der langen Schlacht bei Verdun im Jahr 1916 ereignen – auf französischer und auf deutscher

Seite. Etwas unlebendiger gezeichnet als „14-18", aber andererseits noch eins interessanter, weil es um die Vorgänge auf den höheren politischen Ebenen geht. Gleichzeitig stellt sich die Frage, wie viel patriotische Denkweise das Thema verträgt, ohne zu einem simplen Appell zur Vaterlandsverteidigung zu werden, etwa wenn das lange Aushalten des Colonel Émile Driant beschrieben wird. (Gezeigt wird aber auch der furchtbare Cordt von Brandis, später Freikorpsführer.) Ebenfalls sinnvolle Erzählungen, auch wenn die Bücher dieser Reihe wohl nicht die letzten sein sollten, die man zum Thema liest. (Ergänzend z. B. lesen: „Das Feuer" von Barbusse.)

Eine weitere Reihe befasst sich mit dem Frontkampf französischer Truppen. In den vier Bänden von „Ambulanz 13", zwischen 2012 und 2014 bei comicplus+ erschienen (Übersetzung Eckart Sackmann), geben Mounier, Cothias und Ordas einen Eindruck von der Heftigkeit der Artillerieschlachten und Nahkämpfe, zusätzlich sehen wir, wie der Krieg die Menschen verändert. Ab und an ist die Erzählung etwas klischeehaft (etwa die Mann-Frau-Begegnungen) bzw. die Zeichnungen wirken zu glatt, zu professionell (etwas mehr individuelle, subversive Erzählweise wie bei „Skoff" täte gut). Letztlich aber tatsächlich gut gemachter Geschichtsunterricht mit Erkenntnisgewinn, angenehm zu lesen.

Es gibt in Frankreich einen Markt für Weltkriegs-Comics, der auch die Produktion von Reihen zulässt. (Für den Zweiten Weltkrieg trifft dies ebenso zu, wie z. B. „Une génération française" von Thierry Gloris und Eduardo Ocaña sowie „L'armée de l'ombre" des Belgiers Olivier Speltens zeigen.) Kriegsanalyse ist nur bedingt die Absicht der Autoren, meist geht es um das Leben und den Tod an der Front. Der Gefahr, dass man militärischen Kampf verharmlost oder sogar glorifiziert, können die hier genannten Bildgeschichten oft umgehen, wenn dies auch nicht vollständig möglich ist. Kriegskritisch im strengen Sinne sind die Geschichten zum allergrößten Teil nicht, da zwar das Leiden gezeigt und Empörung geweckt wird, doch die Gesellschaften, die den Krieg wollen und tragen, nicht an sich kritisiert werden. Doch wie viel schlechter als diese nun eben nicht falschen Erzählungen könnten Kriegs-Schilderungen aus anderen politischen Blickwinkeln sein! (Man denke nur an den Fernsehfilm „Unsere Mütter, unsere Väter", in der die junge Generation von Schuld freigesprochen wird.) Und wer neue, gute (Comic!)Literatur aus Frankreich sucht, der oder die möge sich „Das Attentat" ansehen (2014 bei Carlsen), übersetzt von keinem Geringeren als Ulrich Pröfrock.

******

Bliebe der Blick auf den „Altmeister" des Grabenkriegs. Tardi setzt mit „Le dernier assaut" die Erzählung zum Ersten Weltkrieg fort (2016 bei Casterman erschienen). Im Vorwort spricht Dominique Grange die über allen (egal ob Künstler*innen oder Historiker*innen) schwebende Frage an: Was machst du zum so viel beachteten „centenaire"? (Kriegt der Afghanistan-Krieg in 100 Jahren auch so etwas?) Grange hat mit Tardi und den Musikern von Accordzéâm eine CD mit Anti-Kriegsliedern herausgegeben (darunter Brechts „Legende vom toten Soldaten"), als Begleitung zum Buch, in dem Tardi die bekannte Zeichenweise verwendet, diesmal für eine Erzählung über einen allein über das Schlachtfeld wandelnden Soldaten, der all den Wahnsinn nicht mehr verstehen kann. Ergänzt wird das Ganze durch Einschübe, die weitere Themen zum Ersten Weltkrieg behandeln, etwa die britischen Bantam-Bataillone. Von daher nichts wirklich Neues von Tardi, aber bewährte Kunst, politisch.

Und doch: Er erweitert den Blick auf den Krieg (und Deutschland bzw. den Faschismus), in „Ich, René Tardi, Kriegsgefangener im Stalag IIB" und dem Folgeband „Der lange Marsch durch Deutschland". Hier erzählt Tardi von den Erlebnissen seines Vaters, der von Pommern aus einen lebensgefährlichen Marsch antreten musste und dabei das zerstörte Deutschland sah – und die Gewalt der Nazis.

******

Krieg ist, um das Wort von Reemtsma und Heer noch einmal aufzugreifen, ein Zustand, in dem sich eine Gesellschaft befindet: Es mag einen Ludendorff, einen Himmler, einen Karadžić oder auch einen Hideki als militärisch, juristisch oder politisch Verantwortlichen geben – dies darf jedoch nicht darüber hinwegtäuschen, dass die Gesellschaft, d. h. die große Mehrheit der Bevölkerung, die von diesen Verbrechern begangenen Massenmorde und Gräueltaten (die von mir im Falle dieser vier Männer keinesfalls gleichgesetzt werden!) gutheißt oder zumindest akzeptieren konnte bzw. heute noch kann. So könnte man mit Hannes Heer (2005) sagen: Es war eben nicht nur Hitler. Krieg – und auch Faschismus, das zeigt sich deutlich in der deutschen und japanischen Geschichte (und Gegenwart) – sind gesellschaftlich entwickelte Handlungsweisen (siehe Theweleits Studie zum Verhalten bewaffneter Männergruppen, 1977-1978). Wenn sie sozial geduldet bzw. sogar mit Anerkennung belohnt werden, bedürfen diese Verhaltensweisen nicht einmal der Verrohung bzw. Brutalisierung, um ausgeübt zu werden, zu sehen an den Untersuchungen der Gedankenwelt von Wehrmachtspiloten, die bereits zu Beginn des Krieges interviewt wurden (siehe Neitzel / Welzer 2011) und auch zu beobachten an der „Banalität des Bösen" der Verbrecher, die in den Vernichtungslagern arbeiteten und offensichtlich ohne Gewissensqualen Tausende, Zehntausende und Millionen Menschen ermordeten (Anfang der 1960er Jahre von Hannah Arendt untersucht).

Diese Denk- und Verhaltensweisen nicht kritisch (und kreativ) zu beleuchten, sondern lediglich den „Front-Helden" oder gar „begeisternde" Schlachtszenen zu zeigen, ist eine problematische, weil gefährliche Verharmlosung der (von der Bevölkerung unterstützten oder gar selbst) allerorts verübten Verbrechen des damaligen deutschen (Kriegs-)Faschismus (und seiner ähnlichen Formen andernorts), der gerade in Zeiten der heute neu erstarkenden Rechten und Neonazis und des bereits stattfindenden Verschwindens der Zeitzeugen-Generation bzw. der überlebenden Opfer nicht akzeptiert werden kann. So ist es sehr zu begrüßen, dass neben kritischen Prosatexten ebenso weiterhin politisch wache Bildgeschichten erscheinen, die auf differenzierte und engagierte Weise mit dem Thema Krieg, Militarismus und Faschismus umgehen und die Gesellschaft, d. h. die einzelnen Menschen (im gegebenen Fall wir selbst), nicht aus ihrer Verantwortung entlassen. Ohne an dieser Stelle die notwendige Faschismus- und Militarismusanalyse auf gefährliche Weise zu verkürzen und nur auf die unteren Schichten bzw. den sprichwörtlichen „kleinen Mann" zu schauen (Stichwörter sind u. a. Militarismus-Kontinuität, faschistische Gruppierungen, Militär-Elite, Großkapital und Banken-Politik, Rüstungsindustrie, (Klein-)Bürgertum, Antisemitismus-„Tradition", Kompromisse der Kirchenoberhäupter, Pläne des Diktators Stalin), müssen wir doch die individuelle ethische Pflicht zu humanem und widerständigem Handeln im Bewusstsein behalten und sie bei der politischen Entscheidungsfindung berücksichtigen: In Brechts Gedicht vom lesenden Arbeiter ist es eben nicht Cäsar allein, der Gallien (brutal) erobert, sondern mit ihm alle, die ihn begleiten – auch sie tragen Schuld.

André Sven Maertens, März 2019

Weitere Angaben zu den besprochenen Werken:

Informationen über Gregor M. Hoffmann:
https://www.lambiek.net/artists/h/hoffmann_gregor.htm

Anton Kannemeyer: Papa in Afrika. Berlin: avant 2014, Übersetzung ins Deutsche von Mathias-Emanuel Hartmann. (Die Originalausgabe erschien als „Pappa in Afrika" 2010 bei Jacana in Johannesburg.)

Isabel Kreitz: Die Sache mit Sorge. Stalins Spion in Tokio. Mit einer Dokumentation von Frank Giese. Hamburg: Carlsen 2008.

Wie der Krieg an der „Ostfront" nicht geschildert werden sollte, zeigen die kriegsverherrlichenden Comics von Kobayashi Motofumi:

Die Chroniken von Hermann Bix.
小林源文：《修爾曼・比克斯戰記》，臺北市：蒼璧出版
2018 年初版（譯者：許嘉祥）

Samland 1945
小林源文：《薩姆蘭 1945》，臺北市：蒼璧出版
2018 年初版（譯者：許嘉祥）

Joann Sfar: Die Katze des Rabbiners. 2014 und 2015 bei avant (Berlin) als Sammelbände erschienen. Von David Permantier ins Deutsche übersetzt.

Verzeichnis zitierter Forschungsliteratur:

Bernd Dolle-Weinkauff: Von zierlichen Zigeunerinnen und Roma-Rambos – Beobachtungen zum Zigeunerbild im zeitgenössischen Comic. In: Anita Awosusi (Hg.): Zigeunerbilder in der Kinder- und Jugendliteratur. Heidelberg: Das Wunderhorn 2000, S. 97-116.

Michael Farr: Auf den Spuren von Tim und Struppi. Aus dem Französischen von Dirk Naguschewski und Marcel Le Comte. Hamburg: Carlsen 2006. – Ähnlich (apologetisch): Michel Daubert: Musée Hergé. Éditions De La Matiniere / Éditions Moulinsart 2013.

Hamburger Institut für Sozialforschung (Hg): Krieg ist ein Gesellschaftszustand. Reden zur Eröffnung der Ausstellung „Vernichtungskrieg. Verbrechen der Wehrmacht 1941 bis 1944". Hamburg: Hamburger Edition 1998. (Vorbemerkung von Hannes Heer, S. 7; Vortrag von Jan Philipp Reemtsma 1995 auf Kampnagel K3, Hamburg, S. 8-13)

Hannes Heer: Hitler war's. Die Befreiung der Deutschen von ihrer Vergangenheit. Berlin: Aufbau 2008. (Die gebundene Ausgabe war 2005 erschienen.)

Mark McKinney befasst sich in seiner Studie „The colonial heritage of French Comics" u. a. mit den Themen Kolonialismus, Imperialismus und Rassismus, z. B. in der Serie „Zig et Puce" von Alain Saint-Ogan (Liverpool University Press 2011). Im Kapitel „Rescripting the Croisière noire with critical nostalgia: Jérusalem d´Afrique" geht er auch auf Sfars Erzählung ein und beschreibt Tim als „verbose, patronizing [...] and brutal to wild animals" (S. 153).

Sönke Neitzel / Harald Welzer: Soldaten. Protokolle vom Kämpfen, Töten und Sterben. Frankfurt: S. Fischer 2011. (siehe die Unterkapitel „Abschießen" und „Autotelische Gewalt" S. 83-94)

Zu diesem Aufsatz:
André Sven Maertens geht in seinem Beitrag auf die Frage ein, wie Kriegskritik und „Helden"-Bilder in Comics europäischer Herkunft gestaltet werden und welche Schwierigkeiten dabei auftreten können. Wie unterschiedlich wird kriegerische Gewalt in Bildgeschichten und „Graphic Novels" dargestellt? Dieser Aufsatz befasst sich unter anderem mit Werken von Emmanuel Guibert, Hergé, Isabel Kreitz, Gregor M. Hoffmann und Jacques Tardi.
梅安德教授的文章提出的問題是，歐洲漫畫如何呈現對戰爭之批評和「英雄」形象，還有呈現過程中，有可能出現哪些困難？繪本和圖文小說使用哪些不同的方式來描述戰爭暴力？這篇文章討論伊曼紐爾・吉伯特、喬治・波斯貝・勒米（筆名艾爾吉Hergé）、伊莎貝爾・克萊茨、葛瑞格里・M・霍夫曼及雅克・塔爾迪等人的作品。

******

Meinen Freunden Erik de Frenne und Andreas Kroder möchte ich für Bücher-Ausleihen nach Taiwan und interessante Hinweise auf Geschichtscomics für den Unterricht danken, auch für so vieles andere und natürlich für unsere Zeit im Dungeon!

„In tiefen, kalten, hohlen Räumen / Wo alte Bücher Träume träumen" – Die Verbindung von Illustrationen und Erzählung in *Die Stadt der Träumenden Bücher*

Zu diesem Aufsatz
Der Autor des deutschen Romans *Die Stadt der Träumenden Bücher* ist ein Dinosaurier?
In diesem Beitrag wird besprochen, wie der zeitgenössische deutsche Schriftsteller / Illustrator Walter Moers durch die Rollen von Autor und Übersetzer, die Erschaffung einer Welt und gotisch anmutende Illustrationen unsere Fantasie beim Lesen herausfordert.
德國小說《夢書之城》的作者是一隻恐龍？
本文介紹德國當代作家/繪者瓦爾特・莫爾斯（Walter Moers）如何以其所創造出來的角色、世界觀與繪畫，顛覆我們對閱讀的想像。

1. Einleitung
Der Roman *Die Stadt der Träumenden Bücher* besitzt unnormale Konstellationen: Außer Walter Moers, der wirklich existiert, ist die Beziehung zwischen „Autorschaft" und „Übersetzerschaft" fiktiv. Warum ist dieser Roman so gestaltet? Wie erschafft Moers durch neuartige Konzepte von „Autor" und „Übersetzer" sowie durch Illustrationen die Zamonien-Literatur? Die Antworten auf diese Fragen hängen davon ab, wie wir die Erzählweise dieses Werks begreifen.[1]

---

[1] Die Inhalte der Kapitel 2 bis 4 sind überarbeitete Teile meiner unveröffentlichten Masterarbeit „Der ‚Autor' als ‚Übersetzer' in *Die Stadt der Träumenden Bücher* von Walter Moers" (Fu-Jen-Universität, Taipei 2014).

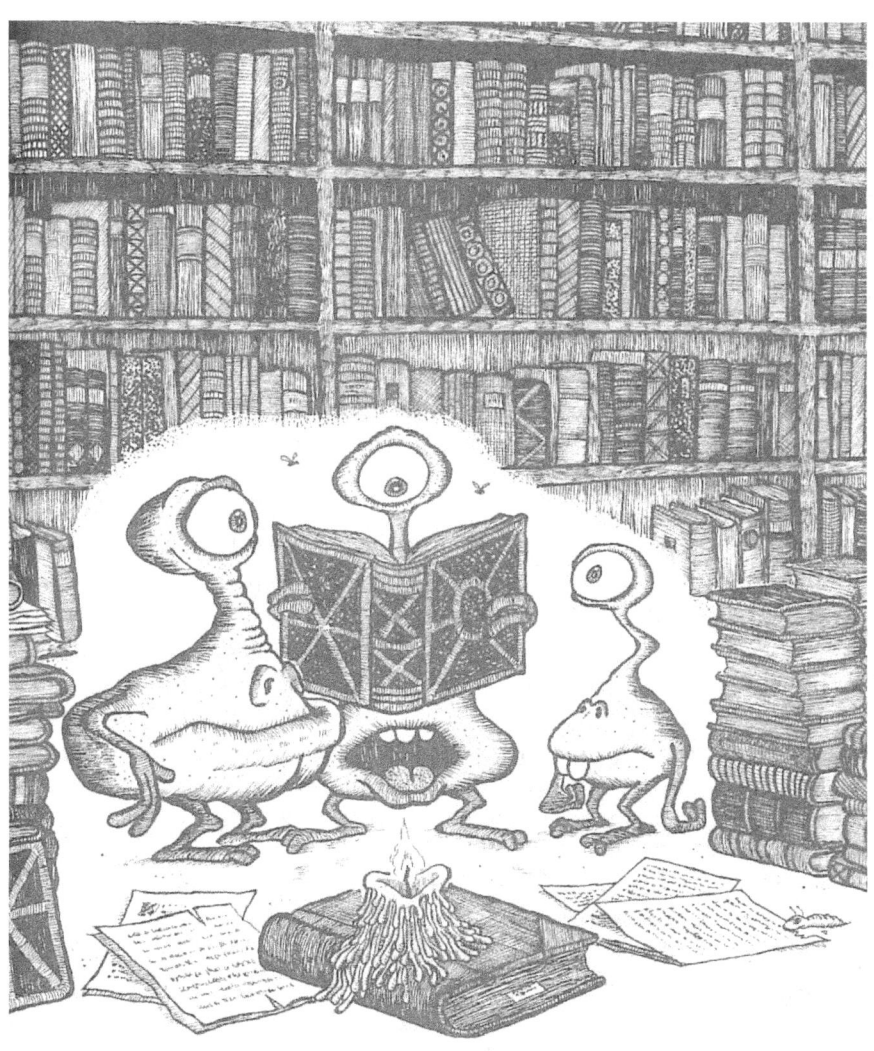

Buchlinge
Abb.1 aus *Die Stadt der Träumenden Bücher* (STB), S. 207.
Diese wie allen folgenden Abbildungen mit freundlicher Genehmigung
von Walter Moers

2. Zum Inhalt von *Die Stadt der Träumenden Bücher*

Die Stadt der Träumenden Bücher beginnt mit einer „Rahmenhandlung", einer Stimme aus dem „Off", welche die Geschichte, die erzählt wird, als die Entstehungsgeschichte des vorliegenden Buches deutet: Die Hauptfigur (der Erzähler) durchläuft unzählige Abenteuer, die sie am Ende dazu befähigen, das vorliegende Buch zu schreiben. Das Buch beginnt mit seinem Ende. Es wird eine Entwicklung geschildert, eine Art Bildungsroman entsteht, der die Heranbildung des Dichters beschreibt, der diesen Bildungsroman schreibt.

Der junge Dinosaurier und Dichter Hildegunst von Mythenmetz erbt von seinem Dichtpaten Danzelot von Silbendrechsler eine mysteriöse Handschrift. Die Wirkung der tadellosen Handschrift auf Mythenmetz ist so gewaltig, dass er beschließt, sich nach Buchhaim – der *Stadt der Träumenden Bücher* – zu begeben und den Autor der Schrift zu suchen. In dieser aus Büchern bestehenden Stadt, in der sich alle kulturellen und wirtschaftlichen Aktivitäten auf Bücher beziehen, trifft Mythenmetz auf den völlig unbelesenen Literatur-Agenten Claudio Harfenstock, der ihn zum Antiquar Phistomefel Smeik bringt. Zufällig erfährt der junge Dinosaurier, wie groß Smeiks Hass gegen Literatur ist, und von seiner Intrige, die das Ziel hat, die ganze Stadt zu kontrollieren. Um die Handschrift und Mythenmetz verschwinden zu lassen, vergiftet Smeik ihn und bringt ihn in das unterirdische Labyrinth. Mythenmetz' Suche nach einem Ausgang führt ihn immer tiefer in die Katakomben. Er folgt der Spur eines Unbekannten und begegnet den Buchlingen, kleinen einäugigen Wesen, die in der Ledernen Grotte leben und sich vom Lesen ernähren. Sie studieren gemeinsam und nehmen an literarischen Veranstaltungen teil, bis Bücherjäger auf der Jagd nach wertvollen Büchern in die Grotte eindringen. Mythenmetz flieht weiter in immer tiefere Schichten. Zuletzt kommt er zum Schloss Schattenhall und trifft dort den Schattenkönig, der schon eine ganze Weile unerkannt seine schützende Hand über ihn gehalten hat und sich zugleich als der Autor der ominösen Handschrift zu erkennen gibt. Der Schattenkönig, ein von Smeik transformiertes und aus lichtempfindlichen Pergamenten zusammengeklebtes künstlerisches Lebewesen, führt Mythenmetz in die höheren Weihen der Verskunst ein. Als Mythenmetz alles gelernt hat, beschließen sie, wieder zur Erdoberfläche zu gehen. Wie geplant trifft der Schattenkönig auf Smeik. Er verbrennt im Sonnenlicht und reisst Smeik mit in den Tod. Seine Flammen zerstören fast die ganze Stadt, aber in der Zwischenzeit überkommt Mythenmetz das Orm – eine dichterische Kraft, die als heißer (Feuer-) Wind zu ihm und in ihn weht. Seine Reise nach Buchhaim wird binnen weniger Herzschläge zu einer Geschichte, der Geschichte von *Die Stadt der Träumenden Bücher*.

3. Der „Übersetzer": Walter Moers – eine biografische Skizze

Im Vergleich zu den meisten Büchern, deren Umschlag den Namen des Autors des jeweiligen Buchs anzeigt, spielt Walter Moers ein „Versteckspiel": Er nennt sich „Übersetzer" (oder „Protokollant"). Fiktive Figuren seiner Geschichten hingegen macht er zu „Autoren". Außerdem versteckt sich Moers bei Interviews (die Kommunikation zwischen ihm und den Medien findet ausschließlich schriftlich statt). Infolge seiner Medienscheu nennt ihn der Literaturwissenschaftler Gerrit Lembke ein „Literaturphantom"[2]. Dieser mysteriöse Autor verwendet seine Sätze und Illustrationen, um seine „Abwesenheit" zu verhüllen. Schritt um Schritt kreiert er durch seine Romane eine fiktive Welt, in der er als „Übersetzer" fungiert. Die Darstellungsweisen – Übersetzen, Illustrieren und Interviews etc. – sind dabei für ihn eine Möglichkeit, seine fiktive Welt mit der realen zu verbinden.

Um seine „Übersetzerschaft" in die reale Welt zu tragen, kommuniziert Moers mit seiner fiktiven Figur Hildegunst von Mythenmetz in Berichten, in denen beide über die Probleme der Übersetzung von *Der Schrecksenmeister* streiten. Mythenmetz beschwert sich über Moers' abweichende, zu freie Übersetzung. In einem anderen Text bezieht Moers dazu Stellung:

---

2 Lembke, Gerrit: „Walter Moers – ein großes Missverständnis?" In: *literaturblatt*. Juli /August 2013.

> Drei Vorwürfe hat Hildegunst von Mythenmetz gegen mich erhoben. Erstens: Ich hätte sein Werk Der Schrecksenmeister willkürlich gekürzt. Zweitens: Ich hätte es miserabel übersetzt. Drittens: Ich plünderte seine Bücher für eigene Zwecke. Schwere Vorwürfe, die umso schwerer wiegen, als sie vom größten Dichter Zamoniens stammen.[3]

Durch diese Konstellation und seine Rolle als „Übersetzer" bringt Walter Moers einen postmodernen Blickwinkel zum Ausdruck: Nicht nur trägt er die fiktive Welt seiner Texte in das reale Leben, er mischt auch eine Reihe von „realen" literarischen Texten seinem Werk unter. Daher kann er als (postmoderner) „Plagiator" gelten.

Durch die Figur Mythenmetz äußert Moers indirekt seine Ansichten über Literatur. In *Ensel und Krete* z. B. erklärt Mythenmetz: „Und auch moralischen Gesetzen darf sich der Dichter nicht unterwerfen, damit er gewissenlos das Werk seiner Vorgänger plündern kann – Leichenfledderer sind wir alle".[4] Im Nachwort von *Der Schrecksenmeister* gibt es ebenso die Idee der „Leichenfledderei":

---

3 Moers, Walter: „Stellen Sie sich, Herr von Mythenmetz! Eine Erwiderung auf die haltlosen Vorwürfe des größten zamonischen Dichters". In: *Zeit-Online*. 23. 08. 2007.

4 Moers, Walter: *Ensel und Krete: Ein Märchen aus Zamonien*. München: Goldmann, 2002. S. 43. *Ensel und Krete* ist ein „Zamonienroman", dessen Geschichte in der fiktiven Welt Zamonien geschieht. Der Plot des Werkes scheint auf den ersten Blick eine Nachahmung von „Hänsel und Gretel" der Gebrüder Grimm zu sein, aber hier führt der „Autor" Hildegunst von Mythenmetz ein subversives Spiel durch, indem der Roman ein Lexikon zum Inhalt hat, welches in der Fußnote als Paratext spezielle Lebewesen vorstellt und zeitgleich einen „außerhalb der Geschichte markierten Raum" darstellt. Überdies unterbricht die „Autor" Mythenmetz häufig die Handlung. Die Geschichte des Romans handelt von zwei Fhenhachenkindern, die im labyrinthischen Großen Wald herumirren. Die Unterbrechungen verursachen ein Abirren vom Lesen und entsprechen dem ununterbrochenen „Verlaufen"-Thema der beiden Kinder. Der Große Wald als Handlungsort versinnbildlicht das „Labyrinth": Er repräsentiert einen „Irrgarten".

> Und noch etwas, denn ich [Mythenmetz] kann sie schon hören, die Kritiker, die mir angesichts meiner kühnen Bearbeitung Leichenfledderei und geistigen Diebstahl vorwerfen werden. [...] Und: Wie kann man etwas stehlen, das allen gehört? Verklagt mich doch!⁵

Unter diesem Blickwinkel besteht Mythenmetz' sogenanntes „Stehlen" also darin, dass er Stoffe klassischer Werke, direkt und indirekt zitiert, in seine eigenen Schöpfungen einbaut. Dadurch entsteht im Leseprozess eine Verknüpfung verschiedener Textebenen, es entsteht ein postmodernes, poststrukturalistisch-intertextuelles Gewebe.

Dieses Beispiel zeigt, was Mythenmetz unter „Leichenfledderei" versteht. Dieses Verfahren führt zu einem ständigen Kreisen zwischen den Texten (genauer gesagt: zwischen Prä- und Intertexten). Hinter dem textuellen Kreisen der Geschichte versteckt sich statt des Autors der „Übersetzer" Walter Moers, der ein „Versteckspieler" ist und seine Intention durch die Perspektive unterschiedlicher Hauptfiguren aus den Zamonienromanen sichtbar werden lässt. Mythenmetz als Verkörperung dieses Geschehens bleibt als sogenannter „Autor" selbst fiktiv und verfügt – im Vergleich zur traditionellen Definition des Autors – über keinerlei eigene Autorität. Der „Übersetzer" hingegen ist die Person, die „schreibt". Was er tut, ist, im Hinblick auf das „Übersetzen", oberflächlich eine Übersetzung von Zamonisch ins Deutsch.

---

5   Moers, Walter: *Der Schrecksenmeister: Ein kulinarisches Märchen aus Zamonien von Gofid Letterkerl. Neu erzählt von Hildegunst von Mythenmetz.* München: Piper, 2009. S. 380. Auf dem Umschlag von *Der Schrecksenmeister* steht: „Ein kulinarisches Märchen aus Zamonien von Gofid Letterkerl / Neu erzählt von Hildegunst von Mythenmetz." Gofid Letterkerl ist ein Anagramm von Gottfried Keller. Trotz Moers' Behauptung, dass *Der Schrecksenmeister* vom großen Dichter Hildegunst von Mythenmetz aus Zamonien auf der Basis eines zamonischen Volksmärchens geschrieben sei, stammt die Inspiration dieses Kunstmärchens aus Kellers Novelle Spiegel, das Kätzchen. Wo bei Keller eine Katze namens Spiegel in der Stadt Seldwyla wohnt, haust in *Der Schrecksenmeister* die „Kratze" Echo in Sledwaya. Diese Veränderung ist wie ein „literarisches ‚Echo' auf Kellers Märchen".

4. Wer ist Hildegunst von Mythenmetz?

Warum verwendet Walter Moers eine indirekte Art und Weise, die fiktive Zamonienwelt zu erschaffen? Welche Rolle spielt die Autorfigur Hildegunst von Mythenmetz?

Um diese Fragen zu beantworten, definiert Maren J. Conrad Hildegunst von Mythenmetz als „Abenteurer, Erzähler, Autor und Rezipient und damit zugleich Subjekt, Objekt sowie Aktant des Textes"[6], der seine Erfahrungen als Autobiografie niederschreibt und sie mit literarischen Motiven verbindet. Er ist kein sogenannter Autor, sondern ein lesender Schreiber, der seine Erfahrungen in Buchhaim und die Geschichte in sein autobiografisches Buch *Reiseerinnerungen eines sentimentalen Dinosauriers*[7] aufnimmt. Alle Erfahrungen,

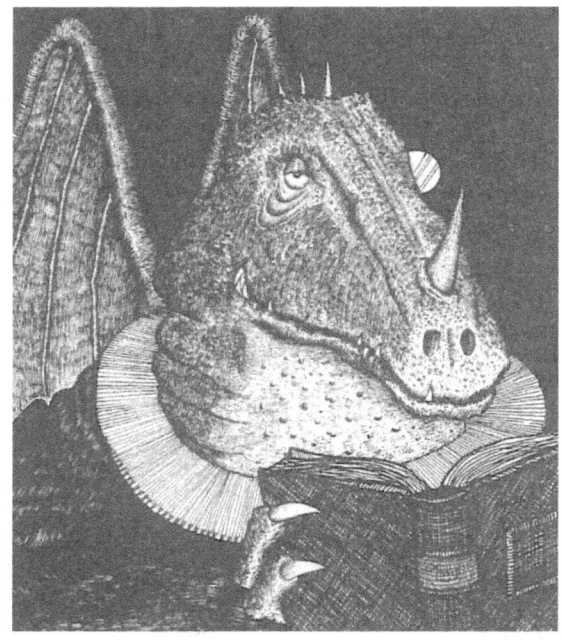

Hildegunst von Mythenmetz
Abb. 2 aus STB, S. 8, © Walter Moers

---

6 Conrad, Maren J.: „Von toten Autoren und Lebenden Büchern. Allegorien und Parodien poststrukturalistischer Literaturtheorie in den Katakomben der *Stadt der Träumenden Bücher*". S. 295.

7 Um die Existenz von Mythenmetz zu ermöglichen, gesteht Moers im „Nachwort des Übersetzers", dass die Geschichte von *der Stadt der Träumenden Bücher* lediglich eine Teilübersetzung von Mythenmetz' Buch *Reiseerinnerungen eines sentimentalen Dinosauriers* sei. Vgl. Moers, Walter: *Die Stadt der Träumenden Bücher.* München: Piper, 2004. S. 478f. *Die Stadt der Träumenden Bücher* wird im Folgenden mit STB abgekürzt.

beispielsweise mit seinem Dichtpaten Danzelot von Silbendrechsler und dem Schattenkönig, erscheinen als Text (Segment der „Reiseerinnerungen") wieder vor den Augen des Lesers.

Aus diesem Blickwinkel ist es kein Zufall, dass der Protagonist den Namen „Mythenmetz" trägt. Obwohl der Leser weiß, dass Hildegunst von Mythenmetz lediglich eine fiktive Figur, versucht der „Übersetzer" Moers mittels vieler literarischer Kniffe (nicht zuletzt die Interviews mit ihm in der „realen Welt"), eine konkrete Gestalt aus ihm zu machen. Es scheint, als würden er und andere Figuren in irgendeiner Ecke der „realen" Welt existieren. Beispielsweise gibt Moers am Ende von *Ensel und Krete* eine halbe Biographie des „Autors" Mythenmetz. Darin wird das Namenssystem erwähnt:

> *Mythenmetz* ist ein typischer Nachname der Bewohner der Lindwurmfeste [...], Namen, die gleichzeitig literarisches Feingefühl wie solide Handwerkskunst signalisieren sollten, denn fast alle der in der Feste lebenden Saurier waren praktizierende Literaten mit einer angeborenen Neigung zu handwerklicher Gründlichkeit.[8]

Durch diese Schilderung erfährt der Leser mehr über diese Spezies, was gleichzeitig zu einer Voraussetzung für die folgenden Romane des „Autors" Mythenmetz wird. Über den Namen „Mythenmetz" diskutiert Gerrit Lembke: Moers nenne seinen Protagonisten nicht zufällig Mythenmetz, sondern weil dieses Wort auf den „handwerklichen Beruf des Steinmetzen" [9] verweise. Der

---

8 Moers, Walter: *Ensel und Krete: Ein Märchen aus Zamonien*. München: Goldmann, 2002. S. 232.
9 Lembke, Gerrit: „‚Hier fängt die Geschichte an.' Moers' Zamonien-Romane. Vermessungen eines fiktionalen Kontinents". In: Lembke, Gerrit (Hrsg.): *Walter Moers' Zamonien-Romane. Vermessungen eines fiktionalen Kontinents*. Göttingen: V & R Unipress, 2011. S. 23.

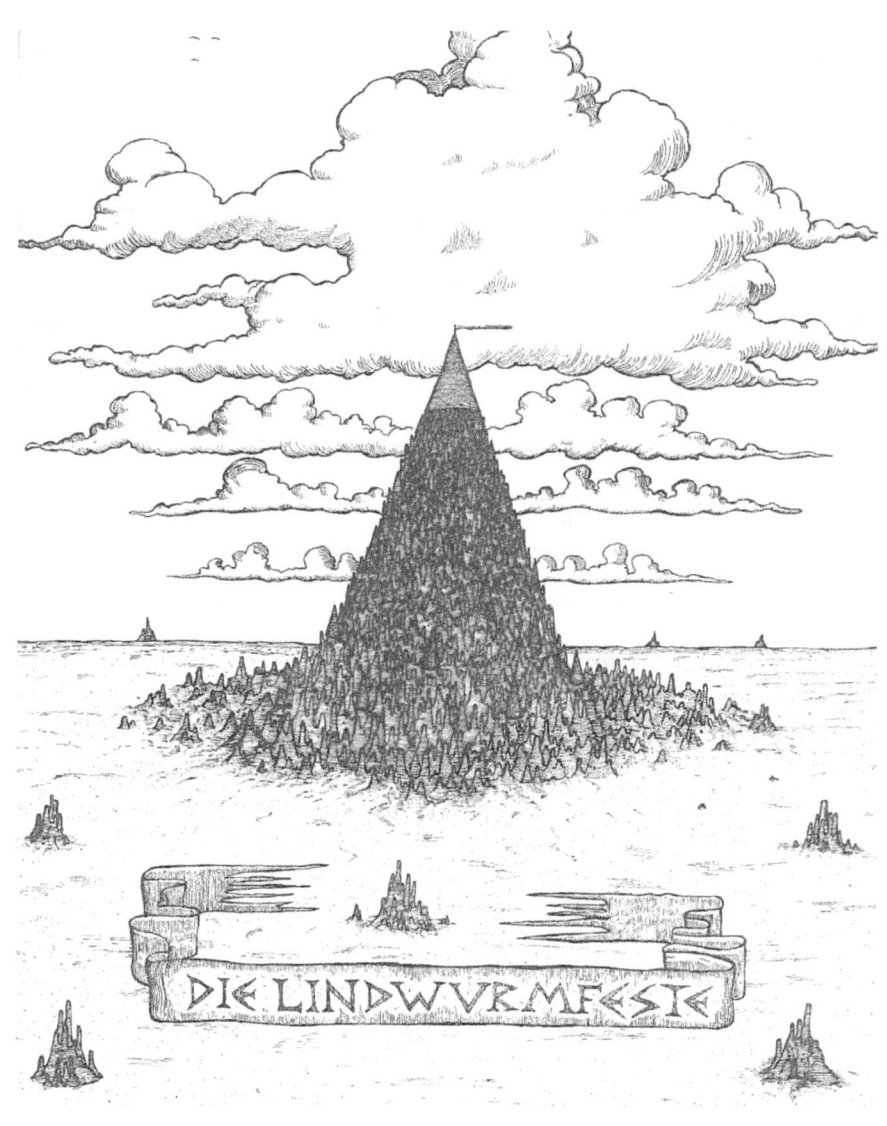

Die Lindewurmfeste
Abb. 3 aus STB, S. 13, © Walter Moers

Autor ist „nicht nur Stimme, er ist auch handfester (Erzähl-)Architekt der phantastischen Welt"[10]. Kurz: „Mythenmetz" kann mit der Figur „Autor" als Dichter gleichgesetzt werden, der die Poetik mit dem Handwerk verbindet. In anderen Worten gilt Mythenmetz – oder: „*Mythen*-Metz"[11] – als der die Mythen neu gestaltende Schreiber. So ist es deutlich, dass Mythenmetz als Mythen-Bildhauer ein Konglomerat aus eigenen Erfahrungen in Buchhaim, Gedichten von Buchlingen (Intertextualität zur deutschen Lyrikgeschichte) [12] und den Fantasien des Schattenkönigs[13] herstellt. Die Entscheidung für einen ausgestorbenen Dinosaurier als Schriftsteller in der Zamonienwelt symbolisiert die Nicht-Mehr-Existenz der großen Schriftsteller sowie der vorbildlichen Werke wie *Faust, Die Leute von Seldwyla* usw. Die Erzählung von Mythenmetz kann als eine neue Interpretation bzw. Adaption dieser Schriftsteller und Werke gelten.

Mythenmetz als Figur ist Gegenstand seiner eigenen Autobiografie, einer Biographie, deren Stoffe intertextuell sind. Dies unterstützt das Argument einer fiktiven Autobiographie und spiegelt den Mythos als literarischen Text, als sprachliches Kunstwerk: Die Autobiografie, die Mythenmetz „modelliert", ist ein „sprachschöpferischer Akt" und bringt damit Bedeutung in die Zamonienwelt[14]. Darüber hinaus wird die Beziehung zwischen Walter Moers und Mythenmetz in Moers' Interview näher beschrieben: „Mein persönlicher Liebling ist Hildegunst von Mythenmetz, der überspannte Schriftsteller, der wird

---

10 Ebd.
11 Ebd., S. 24.
12 In *Die Stadt der Träumenden Bücher* kann man mehrere Gedichte von Buchlingen lesen, in denen deutsche Dichter indirekt zitiert werden. Die Gedichte der Buchlinge im Ormen (eine Zeremonie bzw. eine Art von Begrüßungsfeier bei den Buchlingen, in der sie Fremde – in diesem Fall Mythenmetz akzeptieren) sind deutliche Beispiele. Hier werden Gedichte von Rainer Maria Rilke (STB 232), Annette von Droste-Hülshoff (STB 233) unter anagrammierten Namen vorgelesen. STB 288ff.
13 STB, S. 352ff.
14 Radke, Gyburg: *Die Kindheit des Mythos.* München: C. H. Beck, 2007. S. 9.

langsam zum Alter Ego, da muss ich aufpassen".[15] Mythenmetz als Moers' „Alter Ego" existiert anscheinend als sein zamonisches Gegenstück bzw. als zamonischer Zerrspiegel des Autors.

Diese Spiegelung zeigt sich meiner Meinung nach auch in beider Namen: „Mythenmetz" besteht aus zwei Lexemen, „Mythen" und „Metz", ein Stabreim: „M-M"; das spiegelt verkehrt den Namen von „Walter Moers": „W-M". Das erste „M" von Mythenmetz ist ein verkehrtes, auf den Kopf gestelltes „W". Auf diese Weise ist der „neue Autor" Mythenmetz eine Übersetzung des „Übersetzers" Moers.

Die Stadt der Träumenden Bücher, die Mythenmetz schildert / Moers „übersetzt", besitzt in diesem Fall zwei mögliche Erklärungen: Ist es eine Stadt, in der die Träumenden Bücher wohnen, oder von der die Träumenden Bücher träumen? In den folgenden Abschnitten wird weiter diskutiert, wie Moers Illustrationen und Schriften verwendet, um die Leser (irre) zu leiten.

5. Was wir lesen, ist ein Buch, das Bücher beschreibt

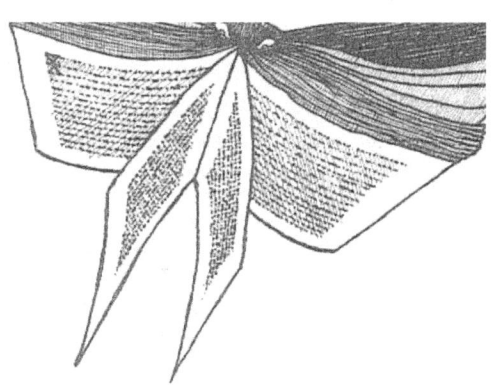

Im Vergleich zu normalen Romanen, die nur Schrift beinhalten, versucht Walter Moers in *Die Stadt der Träumenden Bücher* mittels des Buchdeckels, der Vorstellungen vom Autor/Übersetzer, der Illustrationen, des Nummersystems usw. die Bedeutungen des „Storytellings" und des „Lesens" umzustürzen.

---

15 Nüchtern, Klaus: „Mein Zielpublikum bin ich. Interview mit Walter Moers". In: Falter. 24. März 2003.

„[H]ier handelt es sich um eine Geschichte über einen Ort, an dem das Lesen noch ein echtes Abenteuer ist!"[16] So die Autorfigur Mythenmetz am Anfang des Romans. Das „Lesen" wird mit dem Begriff „Abenteuer" kombinert. Aber was sind „Abenteuer" und „Storytelling"? Wie soll die Beziehung zwischen Begriffen und Gegenständen dargestellt werden?

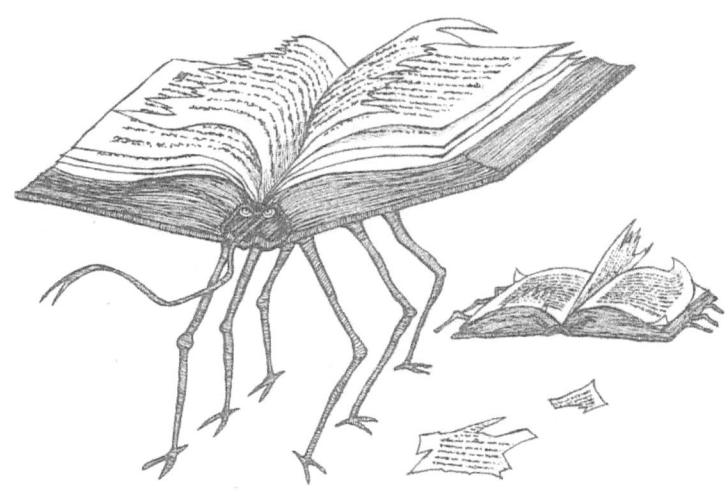

Die Lebenden Bücher
Abb. 4 aus STB, S. 345, © Walter Moers

Aus strukturalistischer Betrachtungsweise betont Ferdinand de Saussure, dass die Welt ein von Sprachzeichen[17] erfundenes System ist, in

---

16 STB, S. 9.
17 Saussure behauptet, dass jedes Zeichen aus Signifikant und Signifikat besteht. Signifikant ist Formativ oder Zeichenkörper; Signifikat, im Gegensatz, Begriff oder Bedeutung. Deren Beziehung ist willkürlich und diachronisch konventionell. Referentiert das bedeutungslose Signifikat einen bestimmten Signifikant, wird ein komplettes Zeichen gebildet. Darin sei das Signifikat, lautet Terry Eagleton, das Ergebnis der Differenz zwischen Signifikanten. Im linguistischen System sei die Bedeutung eines Wortes immer als ein Resultat einer Teilung

dem das Zeichen eine „symmetrische Einheit zwischen einem bestimmten Signifikanten und einem bestimmten Signifikat" [18] bedeutet. Der französische Sprachphilosoph Jacques Derrida stellt diese Auffassung von Saussure infrage: Die Bedeutung der Zeichen ist nur das „Spiel der permanent fluktuierenden Bedeutungen, das innerhalb von Wörtern oder Texten immer nur provisorisch stillgestellt werden kann"[19]. Die instabile Sprachbedeutung entspricht gerade der Eigenschaft von Literatur: Fiktion – ein rein durch das Schreiben geschaffener Ort. Mittels der Sprache beobachten und benennen Menschen konkret ihre Umgebungen sowie Gegenstände. Aber Postmodernisten deuten an, dass die Bedeutung der Sprache unvermeidbare Vielfältigkeit sowie Ambiguität besitze. Dieses Merkmal wird in literarischen Werken besonders dargestellt. Man muss versuchen, durch ununterbrochenes Lesen die Beziehung zwischen Elementen und Bedeutungsketten innerhalb des Textes zu verstehen.

Die Vagheit der Sprache (bzw. der Schrift) leistet einen Beitrag dazu, dass das Lesen literarischer Werke als ein lustiges Abenteuer auf der Suche nach Metaphern gilt. Indem Moers die Arbitrarität der Sprache verwendet, interpretiert er die Beziehung zwischen Signifikant und Signifikat auf neue Weise. Beispielsweise verwendet Moers das Konkretisieren der Illustrationen dazu, die Leser in seine fiktive Welt zu führen:

Es gibt zwei Merkmale der Illustrationen in *Die Stadt der Träumenden Bücher*: Erstens stellen die Illustrationen die fiktiven Charaktere dar. In anderen Worten können wir uns ohne sie z. B. die Lindwurmfeste, Buchlinge und Lebenden Bücher fast nicht vorstellen. Diese

---

oder Gliederung von Zeichen zu betrachten. Eagleton, Terry; Übersetzt. v. Bettinger, Elfi u. Hentschel, Elke: *Einführung in die Literaturtheorie*, 4., erweiterte und aktualisierte Auflage. Stuttgart: Metzler, 1997. S. 110.
18 Ebd., S. 110.
19 Schneider, Jost: *Einführung in die moderne Literaturwissenschaft*. Bielefeld: Aisthesis, 1998. S. 222.

Darstellungsweise beschreibt auch die Lebewesen und deren Kultur sowie Sprachen in Zamonien. So können Leser die „Realität" der Welt Zamoniens beobachten: Wenn wir zum Beispiel den Roman durchblättern, sehen wir ungewöhnliche Abschnittsnummern, und wenn Mythenmetz bei der Suche nach dem Autor seiner mysteriösen Handschrift die alten Straßen betritt, sieht er Türschilder mit einem fantastischen Nummernsystem: der „Buchimistischen Zahlenmystik"[20]. Zweitens werden die Illustrationen in der Ich-Perspektive präsentiert: von der mysteriösen Handschrift, der Außenansicht von Buchhaim, den vielartigen Büchern bis zu den Szenen im Labyrinth. Diese in Teilen dargestellten Bilder heben die abenteuerlichen Züge der dunklen, unkennbaren Unterwelt hervor: Als Mythenmetz Smeiks Buch aufschlägt, erscheint auf der ganzen Seite der gleiche Satz: „Sie wurden soeben vergiftet."[21] Dann kommt eine Seite mit schwarzem Hintergrund und Büchern in einem Regal. Das symbolisiert Mythenmetz' Ohnmacht und das plötzliche Ende dieses Kapitels.

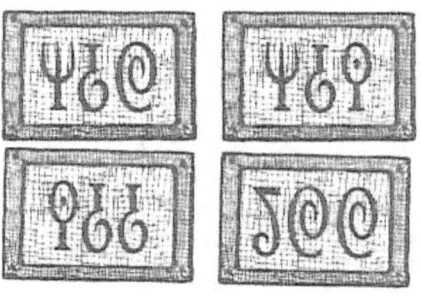 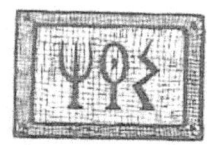 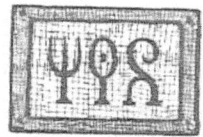

Buchimistische Zahlenmystik
Abb. 5 aus STB, S. 98, © Walter Moers

Die fantasievolle Reise beginnt erst, nachdem die Hauptfigur im unterirdischen Labyrinth verloren gegangen ist. Angesichts der Definition von „Abenteuer" am Anfang des Werks: Abenteuer sei „eine waghalsige Unternehmung aus Gründen des Forschungsdrangs oder

---

20 Die Buchimistische Zahlenmystik ist ein System, das auf Zahlen von 0 bis 7 basiert. STB, S. 96ff.
21 STB, S.154-158.

des Übermuts"²². Die Illustrationen und Schriften in den folgenden Kapiteln werden verwendet, um die abenteuerliche Szenen zu beschreiben. Ab Seite 215 können Leser durch die Illustrationen versteht, wie die Lederne Grotte und deren Bewohner, die Buchlinge, aussehen. In der Szene, in der Mythenmetz in die „Kammer der Gefangenen Echos" eintritt, sehen wir Schriften mit unterschiedlichen Größen. Dies imitiert das „Echo"²³.

Lustig ist, dass die Illustrationen nicht nur die Vorstellung versinnbildlichen können, sondern auch die Begriffe abstrahieren. Betrachtet man die mysteriöse Figur Schattenkönig, kann man entdecken, dass diese Figur im Vergleich zu Mythenmetz, lebenden Büchern und Buchlingen keine konkrete Gestalt (Illustrationen) hat. Sie ist ein so heimliches Lebewesen, dass es im Roman statt des ganzen Bildes nur Illustrationen von Teilen seines Körpers gibt²⁴. Als Mythenmetz diesen Herrscher zum ersten Mal in den Katakomben trifft, fragt er nach seinem Namen. Der König gibt ihm viele Benennungen von anderen als Antwort, aber keine ist sein eigentlicher Name:

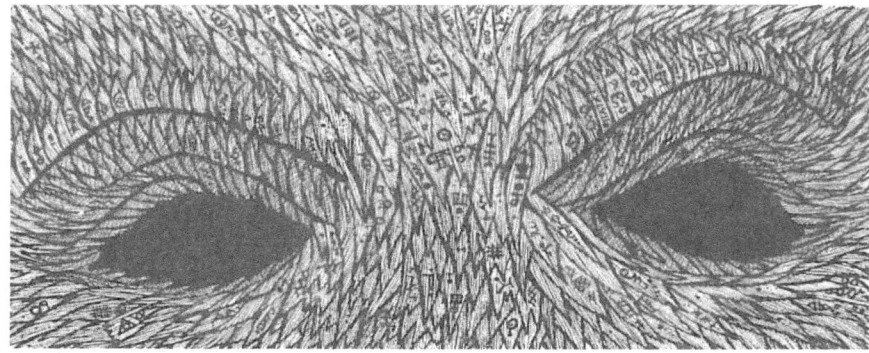

Das Gesicht des Schattenkönigs
Abb. 6 aus STB, S. 363, © Walter Moers

---

22 STB, S. 9.
23 STB, S. 257-258.
24 Illustrationen über den Schattenkönig: vgl. STB, S. 362, 368, 379, 385, 390, 467.

> Ich [Schattenkönig] habe viele Namen [...]. Meffias. Soter. Ubel. Existien. Erohares. Tetragrammaton. Die Halbzwerge in den oberen Höhlen nennen mich Keron Kenken. Beiden Dunklen Völkern in den Kellerlabyrinthen habe ich den Namen Ngyan Spar Du Dung Mgo Gyu´i Thor Tshugs Can. [...] Ja, wenn du [Mythenmetz] so willst, bin ich auch der Schattenkönig. Am besten gefällt mir aber der Name, den mir mal ein alter Freund gegeben hat. Er nannte mich Homunkoloss.[25]

Diese undefinierbare Figur gilt im Vergleich zu anderen Büchern im Werk auch als „Buch", das Mythenmetz so wie sein Abenteuer in Buchhaim zu Ende führt. Am Ende erklärt der Schattenkönig der Hauptfigur:

> Bisher bin ich, Homunkoloss, nur sinnlos wandelndes Papier gewesen, aber jetzt werde ich dieses Papier mit einer Botschaft beschreiben, die die Stadt Buchhaim so schnell nicht wieder vergessen wird. Mein Geist wird so hell lodern, wie er es noch nie getan hat. Und er wird eine Wirkung entfalten, wie sie noch kein Geist, kein Dichter und kein Buch je hatte.[26]

Während der Schattenkönig die Stadt verbrennt, ist Mythenmetz erst in der Lage zu schildern, wie ihn das „Orm" und die Inspiration dieses Romans durchströmt:

> Dies war der Augenblick, in dem ich zum ersten Mal das Orm verspürte. Es fuhr mich an wie ein heißer Wind [...] aus der Tiefe des Weltalls. Er blies durch meinen Kopf und füllte ihn mit einem Wirbelsturm von Wörtern, die sich binnen weniger erregter Herzschläge zu Sätzen, Seiten, Kapiteln und schließlich zu jener Geschichte ordneten, die ihr nun gelesen habt, oh meine treuen Freunde![27]

---

25 STB, S. 349.
26 STB, S. 471.
27 STB, S. 475.

Durch die literarische Strömung bekommt Mythenmetz die Fähigkeit von „Storytelling" und wird ein „Autor" – ein neue Mythen erschaffender Schreiber (Mythen-Metz). Diese Figur verkörpert die ganze fiktive Welt Zamoniens und setzt in den Zamonien-Romanen die Analogie der „Lüge" um: Dies entspricht *Käpt'n Blaubärs* Lügengladiator[28] und dem „Leichenfledderer" in *Ensel und Krete*. Käpt'n Blaubär ist die Hauptfigur im Zamonienroman *Die 13 1/2 Leben des Käpt'n Blaubär*, der als seine fiktive Autobiografie erscheint. Die Lebenserfahrungen von Blaubär sind so absurd, dass er dadurch zum erfolgreichen Lügengladiator wird. Der Blaubär als Lügengladiator erzählt von den Fabeln, um nicht nur das Publikum im Gladiatorenkampf, sondern auch die Leser, die den Roman als eine Autobiografie lesen, anzulügen. Dies weist darauf hin, dass kein Abschnitt im Roman Zufall, sondern nach einer bestimmten Reihenfolge angeordnet ist. Beim Gladiatorenkampf schildert Blaubär wirkliche Erlebnisse, aber die Zuschauer betrachten sie als ausgezeichnete „Lügen" und applaudieren ihm[29]. Selbst wenn wir als Leser seine Geschichte genauer untersuchen, können wir, ganz wie dieses Publikum, seine phantasievollen Geschichten nicht verifizieren.

Als „Leichenfledderer" gelten nicht nur Blaubär und Mythenmetz, die den Lesern ihre Lebensgeschichten als Geschichten erzählen, sondern auch Walter Moers. Er versucht, eine Fiktion in der Fiktion zu erschaffen, indem er sich „Übersetzer" nennt und die fiktiven zamonischen Lebewesen sowie Gebäude illustriert. Dieser erfolgreiche „Lügengladiator" verwendet Fiktion (Lügen), um Leser zu überreden, dass Zamonien bzw. diese Figuren quasi echt sind. Diese Beispiele oben weisen darauf hin, dass die „Lüge" hier eine Fiktion des „Make-Believe" hat und darüber hinaus die Leser außerhalb des

---

28 „Lügengladiatoren" sind nach dem *Lexikon der erklärungsbedürftigen Wunder, Daseinsformen und Phänomene Zamoniens und Umgebung* der fiktionalen Figur Nachtigallers im *Blaubär* „[p]opuläre[n] Idole mit der Fähigkeit, auf publikumswirksame Weise zu lügen". Moers, Walter: *Die 13 1/2 Leben des Käpt'n Blaubär*. München: Goldmann, 1999. S. 511.
29 Ebd., S. 556ff.

Romans in die Zamonienwelt einbezieht. Das „Unsichtbare Theater"[30] in *Das Labyrinth der Träumenden Bücher* ist ein anderes überspitztes Beispiel dafür. In diesem Theater muss der Leser (Zuschauer) seine Vorstellung verwenden, um die Aufführung zu „sehen" („zu spüren"). Mit anderen Worten, die Literatur ist eine Konkretisierung der Imagination im Kopf. Oder: Der Text (Roman, sogar die Literatur) wird hier zu einem unsichtbaren Theater im Kopf und der Leser merkt, dass er ebenfalls daran teilnimmt. Diese Situation beschreibt die Figur Perla La Gadeon (Anagramm von Edgar Allan Poe) im Roman mit zwei Gedichtzeilen: „Was wir scheinen und schaun im Raum / ist nur ein Traum in einem Traum."[31] Der Leser scheint sich in einem „Traum" vom „Raum" (oder umgekehrt) zu befinden und gerät in eine Situation der Ambiguität. Und die Baustoffe dieses „T/raums" sollen die Illustrationen sein, deren Funktion ist, die Szenen der Abenteuer zu realisieren.

6. Fazit

Die Erzählung von *Die Stadt der Träumenden Bücher* ist märchenhaft, indem Walter Moers anthropomorphisierte Figuren erschafft (und auch illustriert): Ein Dinosaurier (Hauptfigur) trifft Hundlinge, Schweinsäuglein, Haifischmaden usw. und Spezies, die mit der Schöpfung von Literatur zu tun haben, wie Buchlinge, Lebende Bücher und den Schattenkönig[32]. Die Buchlinge sind die Verkörperung der Literatur, indem sie die Literaturwerke lesen und auswendig lernen; die Lebenden Bücher ernähren sich von Bücherwürmern

---

30 Das „Unsichtbare Theater" ist eine experimentelle Szene im Puppentheaterstück namens „Die Stadt der Träumenden Bücher", in der die Zuschauer statt der Puppen nur Stimmen und Schatten wahrnehmen können. Aus diesem Grund sagt die Schreckse Inazea Mythenmetz während der Aufführung: „Es ist nicht wichtig, was das *Unsichtbare Theater* auf der Bühne veranstaltet [...] Es ist viel wichtiger, was es in deinem Kopf tut!" Moers, Walter: *Das Labyrinth der Träumenden Bücher*. München: Knaus. 2011. S. 281.
31 Ebd., S. 267.
32 Illustrationen über diese Lebewesen: vgl. STB, S. 23-25 (Dinosaurier), S. 61 (Hundling), S. 73 (Schweinsäuglein), S. 103 (Haifischmade), S. 218-222 (Buchlinge) und S. 342-345 (Lebende Bücher).

und gehen auf Jagd, um zu überleben; der Schattenkönig, dessen Haut aus Papier gemacht ist, leistet einen Beitrag zu Mythenmetz' dichterischer Schöpfung. Damit die Leser einen Schritt weiter in seinen „T/raum" geraten, interpretiert Moers all diese gerade beschriebenen außergewöhnlichen Phänomene als eine „Übersetzung". Im Vergleich zu der Definition der normalen Übersetzung, bei der man einen Text von einer Sprache in eine andere überträgt, gibt es in *Die Stadt der Träumenden Bücher* lediglich die fiktive Sprache als Urtext (Ursprache), durch die Walter Moers wie der deutsche Dichter Günter Eich seine Ansicht von literarischer Erschaffung zur Sprache bringt:

> Ich [Eich] bin Schriftsteller, das ist nicht nur ein Beruf, sondern die Entscheidung, die Welt als Sprache zu sehen. Als die eigentliche Sprache erscheint mir die, in der das Wort und das Ding zusammenfallen. Aus dieser Sprache, die sich rings um uns befindet, zugleich aber nicht vorhanden ist, gilt es zu übersetzen. Wir übersetzen, ohne den Urtext zu haben. Die gelungenste Übersetzung kommt ihm am nächsten und erreicht den höchsten Grad von Wirklichkeit. […] Erst wo sich die Übersetzung dem Original annähert, beginnt für mich Sprache.[33]

---

33 Eich, Günter: „Der Schriftsteller vor der Realität" (1956); zit. n. Müller-Hanft, Susanne (Hrsg.): *Über Günter Eich.* Frankfurt am Main: Suhrkamp, 1979. S. 19 bzw. S. 20. Moers' Erschaffen (bzw. „Übersetzen") ist postmodern. Wie Jacques Derrida behauptet: „Il n´y a pas de hors-texte" (*es gibt nichts außerhalb des Textes*). Dieser Gedanke betont, dass die (reale) Welt aus zahlreichen, konventionellen Texten besteht, in der (bzw. innerhalb dieses Textes) die Rolle von Menschen sich in der Folge wandeln wird: Der Mensch ist nicht mehr passiver Beobachter bzw. Leser (Konsument), sondern er wird zum aktiv am Produktionsprozess beteiligten Leser. Das heißt, er wird außer dem Leser eine Art Autor, und gesellschaftliche Phänomene von postmoderner Perspektive sind das „Verständnis der Textvermitteltheit von Kulturen ebenso wie von kulturellen Implikationen literarischer Texte". Moers betrachtet die Welt von Zamonien als eine „andere Wirklichkeit" (bzw. eine „andere reale Welt"), denn er behauptet, dass Mythenmetz echt ist und Moers seine zamonischen Werke lediglich übersetzt. Aber existiert Mythenmetz überhaupt nur im Text (z. B. in Zamonienromanen und fiktiven Interviews mit Moers). So kann Moers' Schreiben enen Schritt weiter als „Immer-schon-Übersetzung" gelten, indem

Die sogenannte Übersetzung kann als „Über-Setzung" angesehen werden, in der Moers durch Illustrationen und Texte seine Vorstellung erläutert (übersetzt). Zamonien wäre wie eine Welt, die in irgendeiner Ecke der realen Welt existieren würde. Moers versucht, durch die Illustrationen, die Beschreibungen der fantastischen „Bücher" und die „Übersetzung" ein spielerisches Lesen zu ermöglichen.

Die fiktive Sprache Zamonisch kann als ein im Ganzen allegorischer, ja sogar ironischer Begriff verstanden werden: Durch „Lügen" (Intertextualität und literarische Fiktion) erzählt Mythenmetz seine eigene Geschichte, aber er selbst existiert in der Tat gar nicht. Stattdessen ist auch er eine Figur in der „Lügenwelt" des „übersetzenden" Erzählers bzw. ein allegorischer Zerrspiegel. Die Rolle des „Übersetzers" ist die des die Welt als Text verstehenden Lesers, der selbst wiederum (mit seiner Lektüre und seinem Verständnis) die Welt vertextet und verschriftlicht. Das Geschriebene und das Illustrierte repräsentieren dann eine „wirkliche Fiktion", in der die Leser das „Spiel" genießen.

Kai Otto Chang, Januar 2018

---

die Lebenswelt als textualisierte Lebenswelt vorausgesetzt wird. Zugleich ist solches Schreiben eine „Übersetzung" alltäglichen Lebens als Intertext.

「在深、冷、空洞的處所/古老書籍夢寐之處」－淺談《夢書之城》中的圖文關係

1. 引言

小說《夢書之城》中，除了瓦爾特・莫爾斯（Walter Moers）是真有其人外，其他諸如小說中的故事、「作者」與「譯者」的角色皆屬虛構。莫爾斯為何要如此安排？又如何透過其創作與插圖創造「查莫寧」文學？上述問題端視於我們用何種方式詮釋這部作品[1]。

2.《夢書之城》故事大綱介紹

《夢書之城》是一部「框架式敘述」的故事架構：故事的開端即是其結尾。主角（敘事者）在經歷過一連串冒險並在最後獲得能將其所見所聞書寫成文字的能力。

本書的主角是一位居住於查莫寧世界（Zamonien）的年輕詩人恐龍希爾得袞斯特・馮・傳說雕龍（Hildegunst von Mythenmetz），他從其教父丹斯洛・馮・音韻旋雕龍（Danzelot von Silbendrechsler）繼承了一份神祕手稿。手稿完美無瑕的文句深深感動傳說雕龍，讓他決定出發前往有著「夢書之城」美稱的書鄉市（Buchhaim），開始了找尋文稿作者之旅。在那座一切由書本堆砌而成的城市，主角遇見了書商克勞迪・哈冀拾豆（Claudio Harfenstock），並引領他會見骨董書商司霍客（Phistomefel Smeik）。無意間，主角得知了司霍客對文學的厭惡與打算支配整座城市的詭計。為使主角與那份神祕的手稿消

---

[1] 本文第 2 至 4 章參考自筆者未出版之德語碩士論文：《瓦爾特・莫爾斯小說《夢書之城》中「作者」作為「譯者」之探討》(Der „Autor" als „Übersetzer" in *Die Stadt der Träumenden Bücher* von Walter Moers)。台北，2014 年。論文相關資訊請見：臺灣博碩士論文知識加值系統：http://hdl.handle.net/11296/n24753。本中文稿感謝李依瑾小姐、黃筱涵小姐（依筆畫排列）協助校稿。

失,司霾客毒暈主角並將其流放地下迷宮。主角沿路尋覓著離開迷宮的方法,偶然間受到地底生物書靈(Buchling,參見德文圖示 Abb. 1)—一種以閱讀維生的單眼生物—的引導,住進皮革洞穴(Lederne Grotte)並一起生活了一段時間。直至獵書徒(Bücherjäger)的侵略讓傳說雕龍踏上逃亡旅途,潛進地底世界的更深處—影皇的恨影宮(Schloss Schattenhall)。身為那份神祕手稿的作者,影皇娓娓道出他是如何被司霾客陷害、變成無法照射陽光、全身覆蓋碎紙片的怪物,只能年復一年待在不見天日的地底世界。影皇教導主角更高階的詩藝,此也加深了他希望重見光亮的決心。就在他們兩人返回地表後,影皇將自己暴露於在日光下點燃身上的紙片,並與古董書商及整座書鄉市共葬於火海之中。目睹這場大火的主角頓時感受到「奧母」(Orm)所賜予他文學的創作力,並將他這一路走來的歷程書寫成《夢書之城》這部作品。[2]

3.「作者」瓦爾特・莫爾斯(Walter Moers)—簡介

有別於一般文學作品,瓦爾特・莫爾斯(Walter Moers)自《夢書之城》封面就開始與讀者進行一場捉迷藏遊戲:他聲稱這是一部從虛構「作者」傳說雕龍的查莫寧語(Zamonisch)作品翻譯成德語的譯作,因此他自稱為「譯者」,將書中的虛構角色稱為「作者」。這位鮮少出現大眾媒體前的神秘人物,還因此有了「文學幽靈」的稱號。讀者只能透過他的「翻譯」、文句與插圖創作窺探他精心打造的「不在場」證明。

莫爾斯為使其所創造的虛構世界更增添幾分真實性,他善用自己身為「譯者」的角色,透過文字易位(Anagramm)與互文性(Intertextualität)等文學手法,將許多現實文學元素安排在其作品中。例如,從《夢書之城》德文原著(德文)中可以看到大量

---

[2] 本文之中文譯名採自瓦爾特・莫爾斯(Walter Moers)著/賴雅靜譯:《夢書之城》。台北:圓神,2009年。本文針對《夢書之城》中譯本之引用,皆以「《夢》頁碼」標示於引用段落後方。

冠有文字易位人名的角色與詩作，例如「Ohjann Golgo van Vonteweg」（德國詩人歌德 Johannes Wolfgang von Goethe 之易位）、「Gofid Letterkerl」（德國詩人 Gottfried Keller 之易位）、「Ali Aria Ekmirrner」（德國詩人 Rainer Maria Rilke 之易位）等，此種做法呼應了後現代主義的互文性理論。莫爾斯儼然成為一位（後現代主義上的）「剽竊者」（Plagiator）。

在《來自矮人國的小兄妹》（*Ensel und Krete*）[3]中，莫爾斯假借傳說雕龍這位作者角色，闡述其對文學與「剽竊」的看法，一如傳說雕龍所言：「為了可以肆無忌憚地剽竊前人創作，詩人當然不可以臣服於道德規範之下－我們即是『盜屍者』」。

由上述觀點可見，傳說雕龍的「偷竊」，是在文學創作的過程中對於經典文學作品的直/間接引用。藉此在閱讀時體驗不同文本間的相互參照與似曾相識，進而編織成一張互文性的網絡。

所謂的「盜屍」，可說是一種文本之間不斷循環的過程，將過去的文學文句、人物重新改造並重現於新的故事之中。莫爾斯則以「譯者」身分藏於其後，只以分身傳說雕龍作為一位虛構的「作者」角色為其發言。同時，這位「作者」也成為那些互文本（Intertexte）的代言者，讀者便能從描述傳說雕龍（文學）經歷的文句與插圖窺探這個充滿互文本的查莫寧世界。表面上《夢書之城》這部作品，彷彿是從虛構語言查莫寧語翻譯成德語的成果，然而事實上，莫爾斯假借轉述傳說雕龍的語言，透過「翻譯」來進行創作。

---

[3] 《來自矮人國的小兄妹》中文譯本由正中書局出版，王泰智、沈惠珠譯，2005年。

4. 誰是希爾得袞斯特・馮・傳說雕龍（Hildegunst von Mythenmetz）？

莫爾斯為何要透過如此曲折的手法創作？希爾得袞斯特・馮・傳說雕龍（參見德文圖示 Abb. 2、3）這位「作者」又扮演了怎樣的角色？

傳說雕龍作為《夢書之城》這部作品的「作者」，同時也是書中故事的冒險者、見證者、敘事者。透過自傳般的表述方式，他同時也成為一位閱讀自己生命故事的書寫者。不論是與其教父丹斯洛・馮・音韻旋雕龍的回憶與影皇的經歷與回憶，全都化為文本呈現於讀者眼前。

作為集結一切故事（文本）的代表，希爾得袞斯特・馮・「傳說雕龍」（Mythenmetz）這個姓氏或許不是隨意編造而成的。就德語造詞而言，「Mythen」代表神話，而「Metz」本身則指涉石匠（Steinmetz）。換言之，「Mythenmetz」可以是神話(幻想)故事的鍛造者，此正呼應主角身為查莫寧世界「作者」的身分，將其所見所聞的軼事（文本），編撰成《夢書之城》的故事。有趣的是，在查莫寧的世界中，主角所屬少數具有創作能力的族裔是早滅絕的恐龍，可能象徵現實中，經典文學著作與大文豪的消逝，傳說雕龍所書寫的，則是對於經典著作的詮釋與再造。

傳說雕龍這個角色，除了作為其自傳體與互文本的存在外，同時也是莫爾斯的另一個化身（Alter Ego）。例如莫爾斯在 2003 年的《Falter》報專訪中曾提到：「希爾得袞斯特・馮・傳說雕龍是我最喜歡角色。他是位極端的作家角色，感覺也漸漸變成我的另外一個化身。」傳說雕龍之於莫爾斯，猶如是後者在查莫寧世界這面區隔現實與虛構鏡子的一個對立作者角色。

筆者認為，傳說雕龍與莫爾斯這種如鏡像般的對立，可從取名上看出端倪：傳說雕龍「Mythenmetz」的構詞為「Mythen」（神話）+「Metz」（鍛造者），二詞詞首皆是「M-M」，而瓦爾特・莫爾斯（Walter Moers）名字二詞詞首為「W-M」。傳說雕龍的第一個詞首「M」正好是莫爾斯名字詞首「W」的相反。此或許代表傳說雕龍這位「作者」是「譯者」莫爾斯的另一個存在。

故事中，由傳說雕龍描述、莫爾斯「翻譯」的「夢書之城」也就有兩種可能的詮釋空間：這座城市，究竟是「夢書」（Träumenden Bücher）所居住的城市？還是由「夢書」作夢夢到城市？為探索上述問題的答案，以下章節將進一步討論、莫爾斯如何用其插畫與書寫來引/誤導讀者進入他所創造的世界。

5. 我們所讀的是一本描述書本的書

有別於一般只有文字的小說，早在讀者拿到《夢書之城》的那刻，莫爾斯就企圖以小說封面、作者/譯者介紹、書內插圖、數字系統等方式去顛覆「說故事」及「閱讀」的意義。正如作者角色傳說雕龍於小說開頭說道：「在這個故事裡所說的地方，閱讀依舊是趟貨真價實的冒險」（《夢》10）。「閱讀」在此與「冒險」這個概念銜接，然而，何謂「冒險」？何又謂「說故事」？此二者的關係是怎樣呈現的呢？

文學的本質即是虛構—一種由純粹書寫創造的空間。就後現代主義觀點來看，語言的本質無可避免是充滿歧義性的。也因為語言（文字）這種意義模糊的特性，使得閱讀文學作品成為探究隱喻的活動。此便是一種閱讀/冒險的樂趣。莫爾斯利用了語言的不確定性（arbiträr），給予一般常識所認知的意義（例如作者與譯者角色的功能、閱讀及冒險的定義）新的詮釋，並以圖片的明確性與必然性引導讀者進入他建構起來的世界：

《夢書之城》的插圖有兩種特色：首先，是針對虛構事物的描繪，換言之，由於小說中的角色形象多數並非直接參照現實事物,如不透過插圖,很難想像例如「書靈」(Buchlinge)、「活書」(Lebende Bücher,參見德文圖示 Abb. 4)的樣貌。此種對於查莫寧世界生物及其文化、慣用文字的描繪,彷彿強調此虛構世界的「真實性」:例如在我們翻開書本的同時,就可看到不尋常的章節標號;主角為了找尋其教父遺稿的作者,一步步深入書鄉市核心時,沿路看到門牌亦是使用了相同的符號—查莫寧語的七進位數字系統(參見德文圖示 Abb. 5)。此外,由於這是一部環繞在冒險這個母題的作品,圖片皆是以第一人稱視角呈現:舉凡神秘手稿、乍到書鄉市的外觀,還有地下迷宮的眾多書籍等插圖,皆是以局部方式呈現,加強了主角一人初訪新城的好奇心與受困於地下迷宮的冒險氣氛。在傳說雕龍翻開骨董書商司霆客的書本時,下一頁出現滿滿的「您中毒了」(Sie wurden so eben vergiftet)。最後則是黑底的頁面以及反白的兩頁書櫃的圖片,更是暗示主角的昏迷與這一章節唐突的結束。

隨著主角昏迷並困於書鄉市的地下迷宮,故事劇情開始朝著更加奇幻的氛圍展開。如同映證傳說雕龍於本小說開頭對於「冒險」的定義:冒險是一種「由於研究慾的驅使或因過於魯莽率性而從事的危險行為」(《夢》10),插圖與文字開始有了不尋常的表現。例如小說中對於皮革洞穴與其居民書靈的一系列插圖,讓讀者得以了解地下世界的樣貌。閱讀到主角踏入「回音囚室」(Kammer der Gefangenen Echos)這個場景時,書中出現了忽大忽小的文字,作為對「回音」的模仿等。

有趣的是,插圖除了是想像的具體化,也可以是抽象化。有別於具有完整形象(插圖)的傳說雕龍、活書或書靈等角色,唯獨影皇(參見德文圖示 Abb. 6)這位故事中最神秘的角色,是一個隱晦、如黑影(Schatten)的存在。書中只有對於他身體部分的插圖,而無法看見全貌。就在主角初次接觸影皇並問起其姓名時,他只回答:

> 我的名字多得很（…）梅菲雅斯、索特、烏貝、存在者、厄洛哈爾斯、四格拉馬桶；生活在較高處洞穴的半侏儒稱我是食嬰魔柯龍・克嘈；而對地窖迷宮的黑族居民來說，我就是尼仰・施帕爾・督・東・姆戈・居易・妥爾・中斯・侃（…）如果你（傳說雕龍）要這麼叫，那我就是影皇了。不過我最喜歡的名字，還是一個老朋友奉送給我的，他把我叫做紙夸父（Homunkoloss）[4]。（《夢》382-383）

相較於其他出現在本作的書籍（如活書、兇惡書等），這位無法定義的角色也扮演了另一種「書」的型態。他引導主角與這篇故事走向結尾：

> 直到現在，我這個紙夸父都還只是一堆毫無意義、只會走動的紙，但這一回我要在這紙上寫下讓書鄉市不會那麼快就遺忘的紀錄。我的精神將會以它前所未有的方式熊熊燃燒，並發揮任何其他精神、詩人或書籍都沒有過的效應。（《夢》518）

最後，影皇燃燒了整座城市並讓主角感受到了奧母的存在，使其有能力將這段旅程寫成小說，並宣告了這段故事的結束：

> 就在這一刻，我初次感受到奧母，它像一陣熱風潮我襲來；這熱風並非來自書鄉市的大火，而是來自宇宙深處。哦，我忠實的朋友們，它吹拂著我的頭部，在亢奮的心搏動幾下的短短時間裡化為句子、文頁、章節的文字旋風，最後組成現在你們所看到的故事！（《夢》521）

奧母賦予了主角「說故事」的能力並將其轉變成「作者」——一位創造新故事（文本）的書寫者。整篇查莫寧世界的故事透過傳說雕龍的文筆成為文字，並再藉由莫爾斯的「翻譯」公諸於世。然

---

[4] 「紙夸父」一詞為《夢書之城》中譯本譯者之詮釋。原文「Homunkoloss」近似德文「Homunkulus」，意即人造之人工生命體。

而，這種創作故事的過程同時也可以是一種對於「謊言」（Lüge）的類比。

一如本文第三章所提及的「盜屍」，雖然傳說雕龍所敘述的是其遊歷書鄉市的自傳，但事實上，包含這位「作者」與其經歷皆是虛構的產物，莫爾斯試圖以「譯者」的身分及對查莫寧事物的繪圖建構一個虛構中的虛構世界。莫爾斯文學中談到的「虛構」可詮釋為「謊言」，旨在使讀者對查莫寧此等不存在的世界信以為真。對此，《夢書迷宮》[5]提出了一個極端的佐證：「隱形戲劇」（das Unsichtbare Theater）的表演模式，讀者/觀賞者在觀戲時需運用想像力才能感受（見聞）舞台上隱形的演出。換言之，文學（文藝）是一種將腦中想像具體化的呈現。無論是文本（小說、文學）皆屬「隱形戲劇」，需透過讀者的參與才得以「現形」。如同《夢書迷宮》中的詩人角色 Perla La Gadeon（德國作家 Edgar Allan Poe 的文字易位）所言：「四方之見聞／夢中夢魂爾」（Was wir scheinen und schaun im Raum / ist nur ein Traum in einem Traum），讀者如同陷/限於語言歧義之下的「夢境」。造就此夢的材料，即是莫爾斯筆下的插圖與文字，實現讀者在虛構世界與那些查莫寧角色一同冒險的可能性。

6. 結論
莫爾斯以擬人化的角色營造《夢書之城》如童話般的氛圍：一隻恐龍（主角）在旅途過程中見識獒人（Hundlinge）、野豬族（Schweinsäuglein）、鯊蛆（Haifischmaden）等物種，並與文學創作相關的生物交流，如書靈、活書、影皇。書靈是一種以閱讀為糧食的獨眼怪，並冠上查莫寧詩人的姓名，終身以貫徹該詩人的思想與作品為職志，儼然是「移動文學」的化身；活書則如動物一般，以獵捕書蟲為食；最後，則是外皮包裹著碎紙的影皇，

---

5 《夢書迷宮》為《夢書之城》的第二部續作。本段落翻譯採自瓦爾特・莫爾斯(Walter Moers)著/蔡慈皙譯：《夢書迷宮》。台北：圓神，2013 年。271 頁。

一步步帶領主角領略文學創作的本質。為讓讀者深陷/信查莫寧這個虛構的世界，莫爾斯將上述的不尋常遭遇、活動、現象稱為「翻譯」。有別於一般對於翻譯的認知，是不同語言間的訊息轉變，《夢書之城》卻是將事實上不存在的虛構語言查莫寧語（原文）轉變成德文。所謂的「翻譯」，在莫爾斯的作品裡，根本不再是語言間的轉換，而變成一種傳遞文學創作的手法，他將夢書之城的外貌、傳說雕龍創作的過程化為文字（德文）與插圖呈現出來，讓發生於查莫寧世界的軼事增添了血肉與立體性，彷彿其是位於真實世界某處的未到之境。讀者則作為冒險者，以自己的閱讀（感受）參加莫爾斯所設計的文字捉迷藏遊戲。

Kai Otto Chang 張允愷，寫於二零一八年一月

Literaturverzeichnis

Primärliteratur

Eich, Günter: „Der Schriftsteller vor der Realität" (1956); zit. n. Müller-Hanft, Susanne (Hrsg.): *Über Günter Eich*. Frankfurt am Main: Suhrkamp, 1979.

Moers, Walter: *Die 13 1/2 Leben des Käpt'n Blaubär*. München: Goldmann, 1999.

-----: *Ensel und Krete: Ein Märchen aus Zamonien*. München: Goldmann, 2002.

　-----: *Die Stadt der Träumenden Bücher*. München: Piper, 2004.

-----: „Stellen Sie sich, Herr von Mythenmetz! Eine Erwiderung auf die haltlosen Vorwürfe des größte zamonischen Dichters". In: Zeit-Online. 23. August 2007.

-----: *Der Schrecksenmeister: Ein kulinarisches Märchen aus Zamonien von Gofid Letterkerl. Neu erzählt von Hildegunst von Mythenmetz*. München: Piper, 2009.

-----: *Das Labyrinth der Träumenden Bücher*. München: Knaus. 2011.

Sekundärliteratur:

Chang, Yun-Kai: „Der ‚Autor' als ‚Übersetzer' in *Die Stadt der Träumenden Bücher* von Walter Moers". Taipei: 2014. Webseitlink: http://hdl.handle.net/11296/n24753.

Conrad, Maren J.: „Von toten Autoren und Lebenden Büchern. Allegorien und Parodien poststrukturalistischer Literaturtheorie in den Katakomben der *Stadt der Täumenden Bücher*". In: Lembke, Gerrit (Hrsg.): *Walter Moers' Zamonien-Romane. Vermessungen eines fiktionalen Kontinents*. Göttingen: V & R Unipress, 2011. S. 281-302.

Eagleton, Terry; Über. v. Bettinger, Elfi u. Hentschel, Elke: *Einführung in die Literaturtheorie*, 4., erweiterte und aktualisierte Auflage. Stuttgart: Metzler, 1997.

Lembke, Gerrit: „‚Hier fängt die Geschichte an.' Moers' Zamonien-Romane. Vermessungen eines fiktionalen Kontinents". In: Lembke, Gerrit (Hrsg.): *Walter Moers' Zamonien-Romane. Vermessungen eines fiktionalen Kontinents*. Göttingen: V & R Unipress, 2011. S. 15-44.

-----: „Walter Moers – ein großes Missverständnis?" In: literaturblatt. Juli /August 2013. S. 6-8.

Radke, Gyburg: *Die Kindheit des Mythos*. München: C. H. Beck, 2007.

Schneider, Jost: *Einführung in die moderne Literaturwissenschaft*. Bielefeld: Aisthesis, 1998.

Großstadtleben im Comic:
Die Zeichnerin 61Chi spricht im Interview über ihre Arbeiten, Metropolen-Literatur und Comics aus Taiwan

Wie ist die Handlung von „Room" und wie haben Sie diese Geschichte gezeichnet?

Das Grundkonzept von „Room" ist „Kisten", also, die ganze Welt besteht aus verschiedenen Kisten, wie zum Beispiel ein Zimmer, ein Fahrstuhl, ein Waggon, ein Büro, ein Hochhaus oder ein Sarg, und man bewegt sich in seinem ganzen Leben zwischen diesen verschiedenen Kisten, Tag für Tag. Der Comic erzählt Geschichten, die in fünf Zimmern in ein und demselben Hochhaus geschehen, und die Geschichten handeln von Themen des menschlichen Lebens: Stadt und Heimat, Ewigkeit und Verweilen, die Bedeutung unseres Lebens, Verzweiflung und Hoffnung. Die Geschichten sind voneinander unabhängig, aber unterschwellig sind die fünf Hauptfiguren der Geschichten miteinander verbunden. Dadurch will ich übermitteln: „Obwohl unser Leben einsam ist, sind wir nicht allein."
(Weitere Infos zur Entstehung von „Room", siehe S.125 im Nachwort)

    Normalerweise schreibe ich zuerst Texte für die Geschichte, dann male ich erst die Bilder, das ist meine Gewohnheit, wenn ich einen Comic erstelle. Ich denke wie in einem Brainstorming über Gegenstände, Figuren, ein Gespräch, eine Handlung, ein Thema nach, dann fallen mir Ideen und Gedanken für die Geschichte ein. Ich schreibe dann die Gliederung einer Geschichte (inkl. das Leitmotiv und die Bedeutung der Geschichte), konzipiere die Figuren, zum Schluss erstelle ich das komplette Skript des Comics (inkl. die Szenen und Dialoge). Je nachdem, was ich zum Skript brauche, sammle ich Material und Fotos. Sobald ich dieses Material habe, kann ich den Entwurf meines Szenenbuchs zeichnen. Der Comic „Room" wurde zuerst mit Bleistift gezeichnet und dann per Computer koloriert. Aber in letzter Zeit erstelle ich meistens Comics, indem ich direkt auf Papier male, wobei ich Mixed Media benutze, wie Bleistifte, Buntstifte, Tinte, Acrylfarben usw. Dann scanne ich die Bilder in den Computer ein. Die Bilder und Farbtöne werden per Computer bearbeitet, auch die Textfelder werden per Computer eingefügt. Der Anteil der Bildgestaltung per Computer ist stark zurückgegangen.

Welche anderen Bücher haben Sie veröffentlicht und wovon handeln diese?

2018: Ordinary days in Taipei／Selbstverlag
Der Comic zeigt, dass viele alltägliche Phänomene in Taipei für die aus Südtaiwan zugezogenen Menschen seltsam oder unverständlich sind. Das Großstadtleben ist aber von diesen Kleinigkeiten geprägt.

2016: Small Town, Southern Time: Zuoying & Český Krumlov／Dala Verlag
Dieses Buch entstand in der Zeit, als ich am Artist-in-Residence-Programm am Egon Schiele Art Centrum in Tschechien teilnahm. Es ist ein Bilderalbum mit ungefähr 30 Seiten Comics. Der Inhalt ist über die Menschen, Geschichten, Zeiten und Gegenstände in zwei Orten, der eine ist Zuoying und der andere ist Český Krumlov, und die Geschichten greifen ineinander. Man arbeitet im Ausland, findet aber die Gemeinsamkeiten im Leben an verschiedenen Orten.

2015: The Girl and the Dream Tapir／ Selbstverlag (Dojinshi)
Dieser Comic ist eine Bearbeitung eines Romans der taiwanischen Schriftstellerin Wind Hsu. Die Geschichte erzählt von einer Internatsschülerin namens Shi-Zhen, die sich völlig fehl am Platz fühlt, und darüber, wie sie mithilfe eines Träume fressenden Tapirs Schikanen überwindet.

2015: Préoccupations de déesses, eingearbeitet in „Sept rêves du Louvre"／Dala Verlag
2015 wurden vom Louvre veröffentlichte Comics in Taiwan ausgestellt. Die Ausstellung namens L'OUVRE 9 fand im Museum der National Taipei University of Education statt. Viele taiwanische Comicautorinnen und -autoren waren zur Ausstellung eingeladen. Dieser Comic ist die Erweiterung eines Teils der ausgestellten Werke durch taiwanische Autoren.

Ich machte in ,,Préoccupations de déesses'' drei wertvolle Kunstschätze des Louvre lebendig, und zwar die sich um ihre Schönheit kümmernden und miteinander um Popularität konkurrierenden „Göttinnen" Mona Lisa, Venus und Nike (die Siegesgöttin). Wie sich herausstellt, haben selbst diese „göttlichen" Frauen so ihre eigenen Probleme.

2015: THE HAIR, Bunny, Kick the Can, eingearbeitet in „Island to Island: a graphic exchange between Taiwan & New Zealand" (Dala Verlag)
Das Buch wurde von insgesamt sechs Grafikerinnen und Grafikern aus Taiwan und Neuseeland zusammen erstellt, im Rahmen des Austauschprogramms Artist-in-Residence, bei dem wir einander unsere eigenen Werke schenkten.

Warum möchten Sie als Comic-Zeichnerin und Illustratorin arbeiten? Wie war Ihr Weg hin zu Comics?
Während meiner Kindheit und meiner Schullaufbahn beschäftigte ich mich immer mit Kunst und Kreativität. Obwohl ich an der Universität Grafikdesign studierte, bin ich mit dem Malen aufgewachsen. Der Grund, warum ich Comics und Illustrationen mag, ist vielleicht, weil ich es mag, Menschen zu malen, oder vielleicht weil diese zwei Kunstmedien flexibler als reine Kunst sind, es also weniger Beschränkungen gibt. Noch ein Grund ist, dass man durch

die beiden Medien Geschichten erzählen kann, das ist der Reiz dieser Medien.

Nach dem Abschluss an meiner Senior High School begann ich mit dem Comiczeichnen. Nachdem ich 2012 die Gelegenheit erhalten hatte, als Vertreterin Taiwans am „Festival international de la bande dessinée d'Angoulême" teilzunehmen, kam ich zu der Entscheidung, dass ich das Comiczeichnen zu meinem Beruf, vielleicht sogar zu meiner Bestimmung machen wollte. Durch diese Gelegenheit hatte ich Kontakt zur realen Comic-Industrie und lernte den Dala Verlag kennen, und dadurch bekam ich später die Chance, Bücher zu veröffentlichen und mit anderen zu kooperieren.

Was denken Sie über die taiwanische Comic-Szene? Was ist beliebt und was ist in Ihren Augen gut? Gibt es Comics mit politischen Themen?

Die Comic-Szene Taiwans hatte ihre Glanzzeit und ihre Tiefen, als es keine erfolgreichen Autoren oder Werke gab. Um 2010 begann sich in der Comic-Industrie Nachwuchs zu entwickeln. Meiner Beobachtung nach ist dieser Bereich in Taiwan relativ klein, aber es gibt trotzdem verschiedene Kategorien von Comics, wie etwa den Kreis von ,,Dojinshi", einem Selbstverlag, dessen Zielgruppe Schüler, Studenten und junge Leute sind, und wo meistens Erstlingsautoren ihre ersten Versuche unternehmen. Der zweite Kreis umfasst kommerzielle Verlage, hier gibt es Comic-Drama-Autoren oder Autoren, die ihre Grafiken mit eigenem Text auf Facebook posten; außerdem gibt es auch den Kreis von E-Comics, wo die Comics durch Apps oder als E-Books veröffentlicht werden. Aus historischem und geographischem Grund ist die Comic-Szene Taiwans stark von Japan beeinflusst, der Stil der oben genannten Kreise ähnelt größtenteils dem Stil japanischer Mangas, der auch der Lesegewohnheit der meisten taiwanischen Comicleser entspricht. Wie auch immer, der Markt gedruckter Bücher bzw. Comics ist mit tiefgreifenden Veränderungen konfrontiert. Außer dem japanischen Manga-Stil gibt es auch wenige Comicautoren, die – je nach persönlichen Vorlieben – amerikanischen oder europäischen Comicstil zeichnen. Sie veröffentlichen ihre Comics in der ,,Zine'', einem taiwanischen Fanzine von ,,Not Big Issue'', oder in der Zeitung. Ungeachtet der Inhalte oder der Stile ist diese Art von Comic ganz anders als die obengenannten Comics, und ich lese und zeichne auch mit Vorliebe diese Art von Comics.

Was sind Ihre kommenden oder zukünftigen Projekte?
Zurzeit beschäftige ich mich mit der Comicserie ,,Sometimes in the City''. Indem ich auf einer Seite in jedem Kapitel eine Situation durch Non-Motion-Storyboards beschreibe, und zwar ohne Dialoge, sondern nur durch Geräusche, zeige ich die Distanzierung, Hilflosigkeit und Machtlosigkeit beim Leben in einer Großstadt. Der nächste dramatische Comic, der eigentlich schon seit Jahren fertiggestellt wurde, hat den Arbeitstitel ,,Das Apartment im Norden'' und erzählt eine Geschichte von einem jungen Erwachsenen, der vom Süden Taiwans in den Norden umgezogen ist, um ein besseres Leben zu haben. Auf das Stadt-Thema bezogene Geschichten sind mir immer am wichtigsten und diese Art von Geschichten kann ich gut erzählen.

漫畫看大城會的生活：女畫家 61Chi 在訪談中談論關於她的工作、台灣的都會文學以及漫畫著作

《房間》這部作品是在描述什麼樣的故事？您是用什麼手法來描述書中的故事呢？

　　《房間》的基本概念是「盒子」，整個世界是由各種不同的盒子構成，從房間到電梯、車廂、辦公室、大樓、棺材等，而人生便是在這些不同的盒子中移動，周而復始。這本漫畫講述的是在同一棟大樓的五個房間中發生的故事，圍繞著城市與家鄉、永遠與停留、生存意義、絕望與希望的幾個人生主題。故事是分開的，但五組角色彼此隱約串聯，欲傳達「人生是寂寞的，但我們都不孤獨」。
(創作緣由可見《房間》p.125 作者後記)

　　我創作漫畫的習慣是先有文字才繪製圖像。從物件、角色、一句對白、一個橋段、題名等任一處開始隨意發想，先產生故事想法、點子，再整理成故事大綱（含宗旨、意義）、角色設計，最後是完整的漫畫文字腳本（包含場景、對白）。依據腳本所需進行資料採集、拍照，有了參考資料才能畫分鏡草稿。《房間》整本都是鉛筆線、電腦上色完稿的，但最近的作品完稿方式是紙上實際繪製居多，使用媒材包括鉛筆、色鉛筆、墨水、壓克力顏料等，再掃描進電腦 photoshop 後製修改、調色、上對話框，電腦繪圖的比例下降許多。

您還發表過哪些著作呢？這些發行的作品是描述哪些主題？

2018《台北小日子》(Ordinary days in Taipei)／自費出版
　　畫的是對於來自南部的遊子，台北有很多現象都是奇特或難以理解的，但正是這些細細碎碎的東西構築出大城市的日常生活樣貌。

2016《南方小鎮時光：左營‧庫倫洛夫》(Small Town, Southern Time: Zuoying & Český Krumlov)／大辣出版

　　全書於捷克庫倫洛夫鎮藝術駐村時完成，以畫冊為主，含 30 頁左右的漫畫。內容交錯呈現左營與庫倫洛夫兩個城鎮的人事時地物，在異鄉創作故鄉，在不同生活中發現相似的樣貌。

2015《少女與食夢貘》(The Girl and the Dream Tapir)／自費出版(同人誌)

　　漫畫改編自作家神小風的小說，講述寄宿女校裡格格不入的學生仕珍，如何在食夢貘的幫助下克服霸凌的故事。

2015《女神們的煩惱》(Préoccupations de déesses)收錄在《羅浮7夢：台灣漫畫家的奇幻之旅》 (Sept rêves du Louvre)／大辣出版

　　法國羅浮宮所出版的漫畫系列在 2015 年來台展出，「打開羅浮宮九號」展於北師美術館，台灣漫畫家受邀參與展覽，本書屬於台灣漫畫家部分展覽作品的延伸出版物。

　　我的漫畫《女神們的煩惱》是將羅浮宮的鎮館三寶擬人化，愛美、比人氣的蒙娜麗莎、維納斯、勝利女神，原來三位女神也有各自的煩惱。

2015《她的髮》(THE HAIR)、《兔兔》(Bunny)、《踢罐子》(Kick the Can)收錄在《島嶼禮物：台灣紐西蘭圖像小說創作合集》(Island to Island: a graphic exchange between Taiwan & New Zealand)／大辣出版

　　本書是台灣跟紐西蘭共六位圖像創作者的駐村交換計畫，以作品作為贈送彼此的禮物。

為什麼您想要從事女漫畫家和女插畫家的工作呢？您踏入漫畫界的心路歷程是如何？

　　自己的成長求學過程原本就一直是美術創作相關，雖然大學學的是平面設計，但還是一路畫上來的。喜歡漫畫跟插畫的原因或許是太喜歡畫人，也或許是這兩個媒介不如純藝術來的有限制性，而可以述說故事更是吸引人之處。

　　高中畢業後開始有意識的創作漫畫，2012 年獲選代表台灣參展法國安古蘭漫畫節，更是讓我下定決心要以漫畫創作為職業/志業，也是因為這個機會接觸了實際的漫畫業界、並認識大辣出版社，往後許多出書、合作案都是這個因緣之下的結果。

您如何看待台灣漫畫的發展狀況？怎樣的漫畫是受歡迎的？而在您看來什麼是好的？市面上有和政治相關的漫畫嗎？

　　台灣漫畫曾經輝煌過、也斷層過，大約 2010 年前後新生代再度開始發展。依個人的觀察，台灣漫畫圈雖然小，但仍存在著類別界線，大致可以分為以學生、年輕族群為主的「同人誌圈」(自費出版)，這也是許多新人初試啼聲的場域；「商業出版圈」分成劇情漫畫作者、或是 facebook 上的圖文系作者；也有刊登於電子介面的手機 app、電子書漫畫創作圈。台灣因為歷史跟地理關係，受到日本漫畫影響甚多，以上的漫畫圈作品風格幾乎八成以上是走 manga 的路線，這也是大部分台灣漫畫讀者的習慣閱讀口味，但無論如何紙本書市場仍面臨劇烈的改變。在這之外有少數漫畫作者依個人喜好會走美式漫畫或歐式漫畫的風格，通常發表在小誌市集的「zine」作品、報刊，不管內容或風格都會有別於上述的漫畫圈，也比較是我個人偏愛閱讀與創作的類型。

您手邊有正在進行或是籌備中的創作計畫嗎？

　　正在進行的是《Sometimes in the City》的城市漫畫系列，每一篇在一頁裡用定格分鏡表述一個情境、狀況，無對白，只有聲音，呈現大城市生活的寂寞、疏離、無奈、無力感等。下一本劇情漫畫（其實這案子已經擺著很多年了）書名暫定《北方公寓》，故事由南部北上發展的青年展開，依然是我關心、擅長的城市題材。

非常感謝 61Chi 能接受我們這次的採訪！

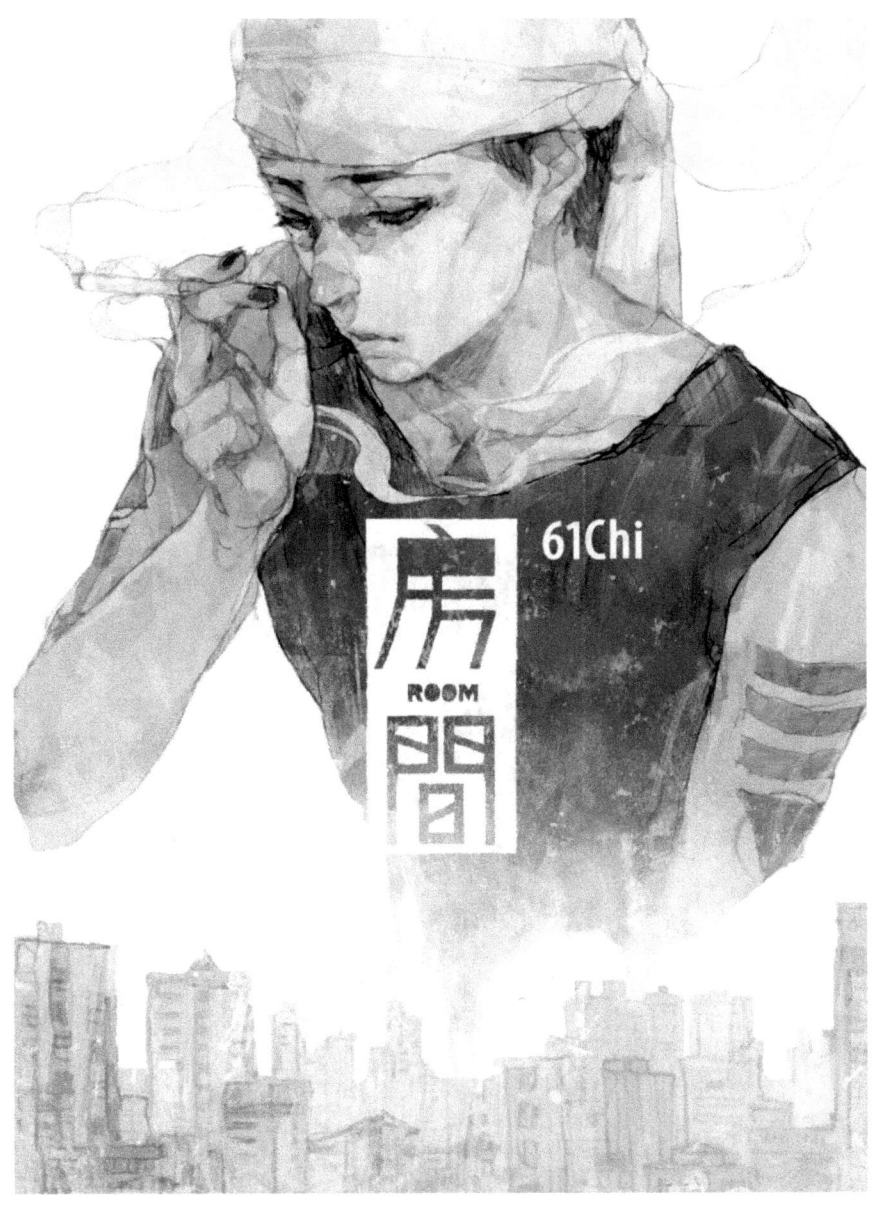

61Chi ©《房間 Room》大辣出版 dala Publishing

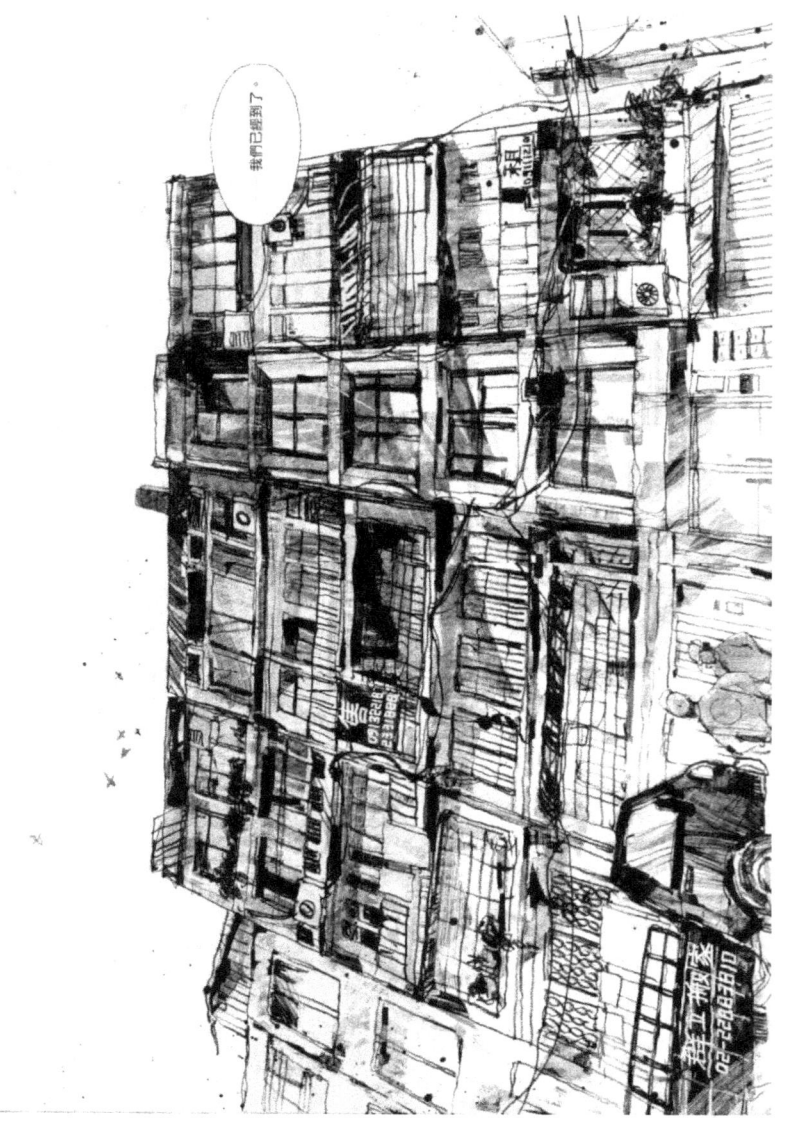

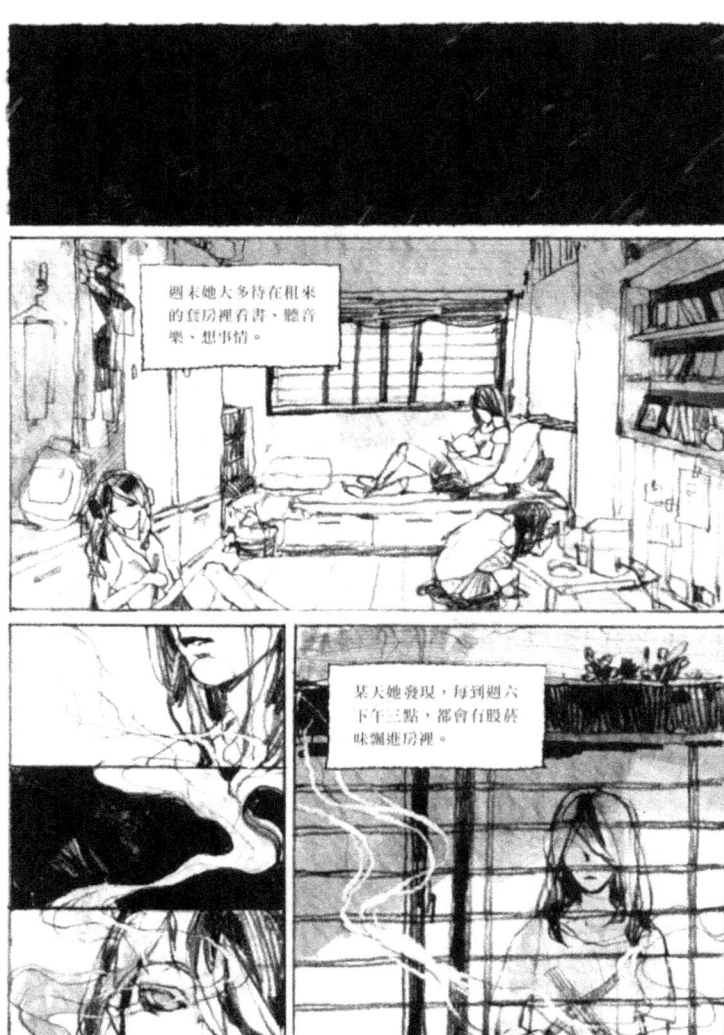

Am Wochenende bleibt sie oft in der Mietwohnung. Sie liest Bücher, hört Musik und denkt nach.
Eines Tages bemerkt sie, dass an jedem Samstag Rauch zu ihrem Zimmer weht.

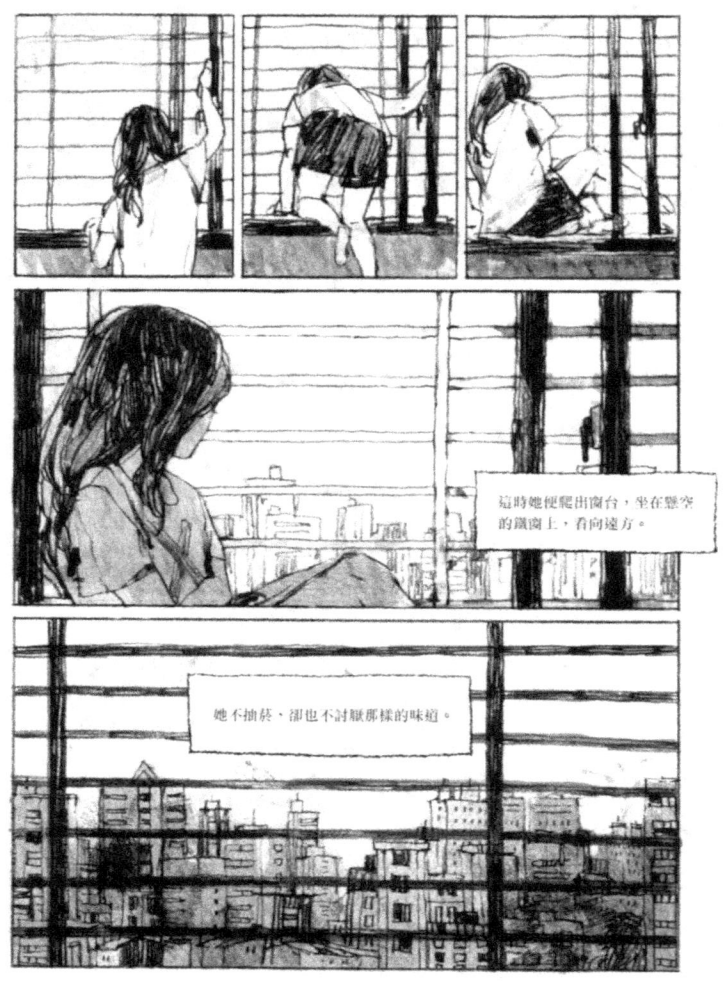

Dann steigt sie auf die Fensterbank und sitzt draußen auf dem Gitterfenster. Dann sieht sie in die Ferne.
Sie raucht nicht. Aber dieser Geruch stört sie auch nicht.

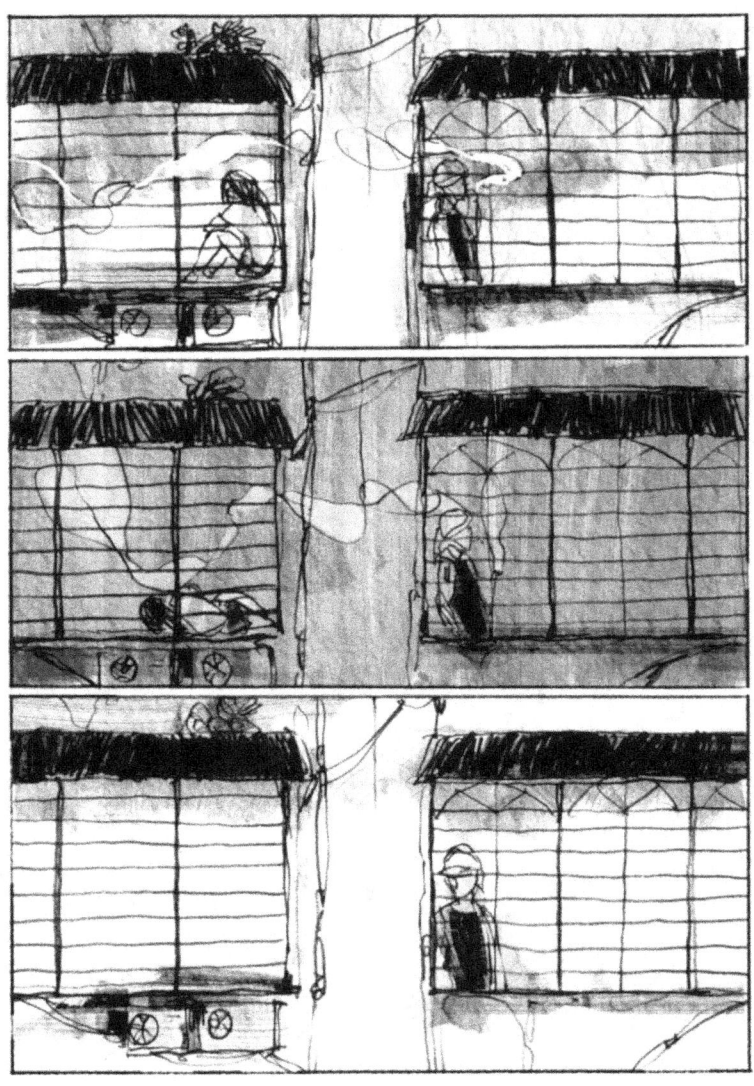

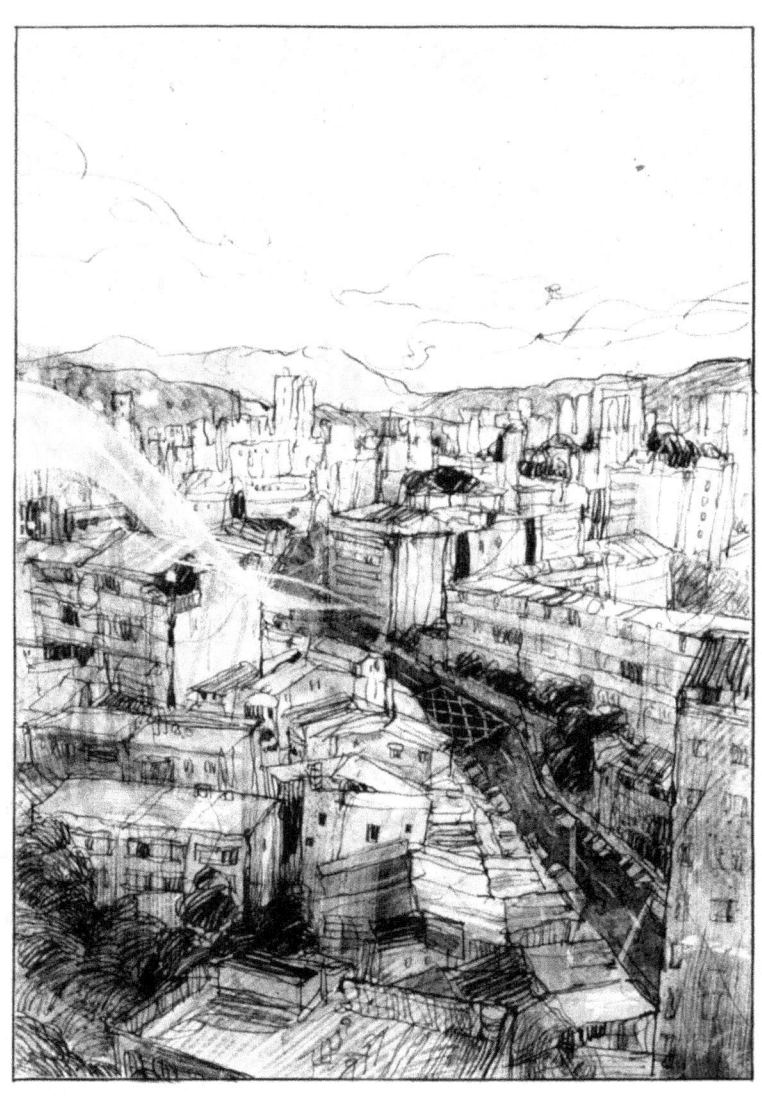

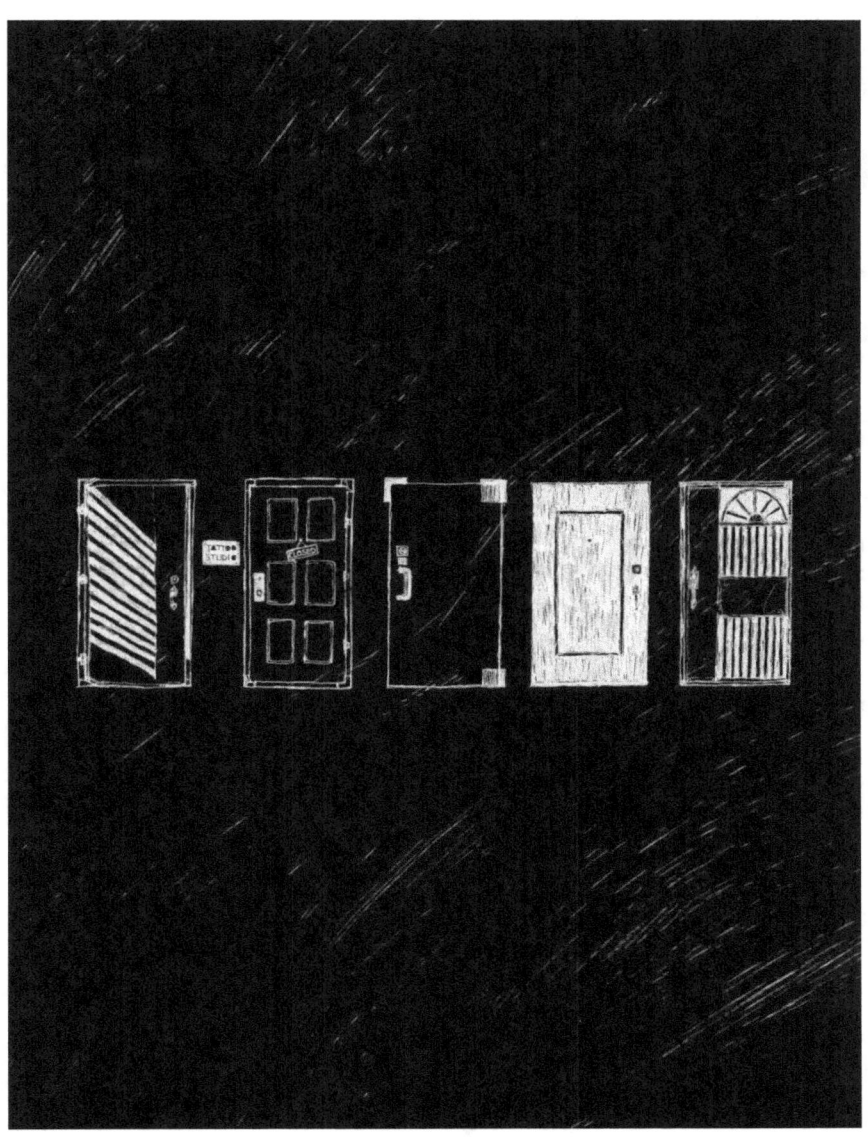

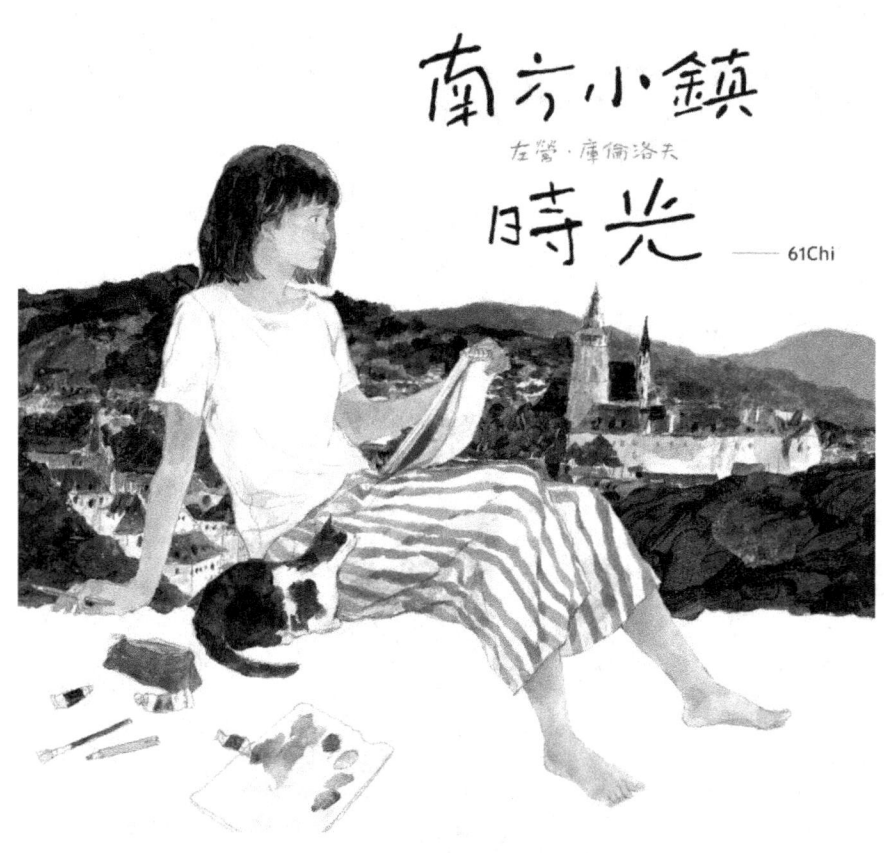

61Chi © 《南方小鎮時光 Small Town, Southern Time》
大辣出版 dala Publishing

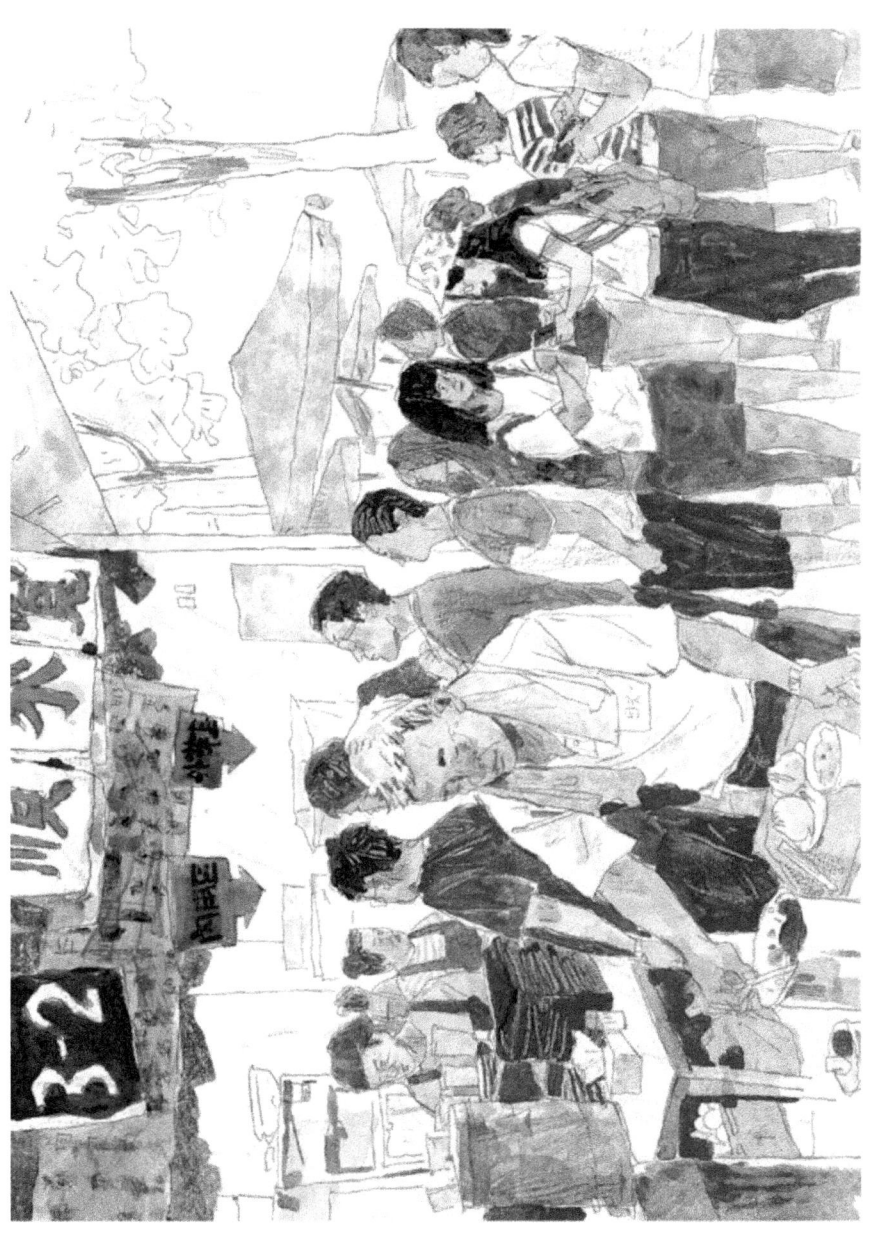

61Chi ©《南方小鎮時光 Small Town, Southern Time》
大辣出版 dala Publishing

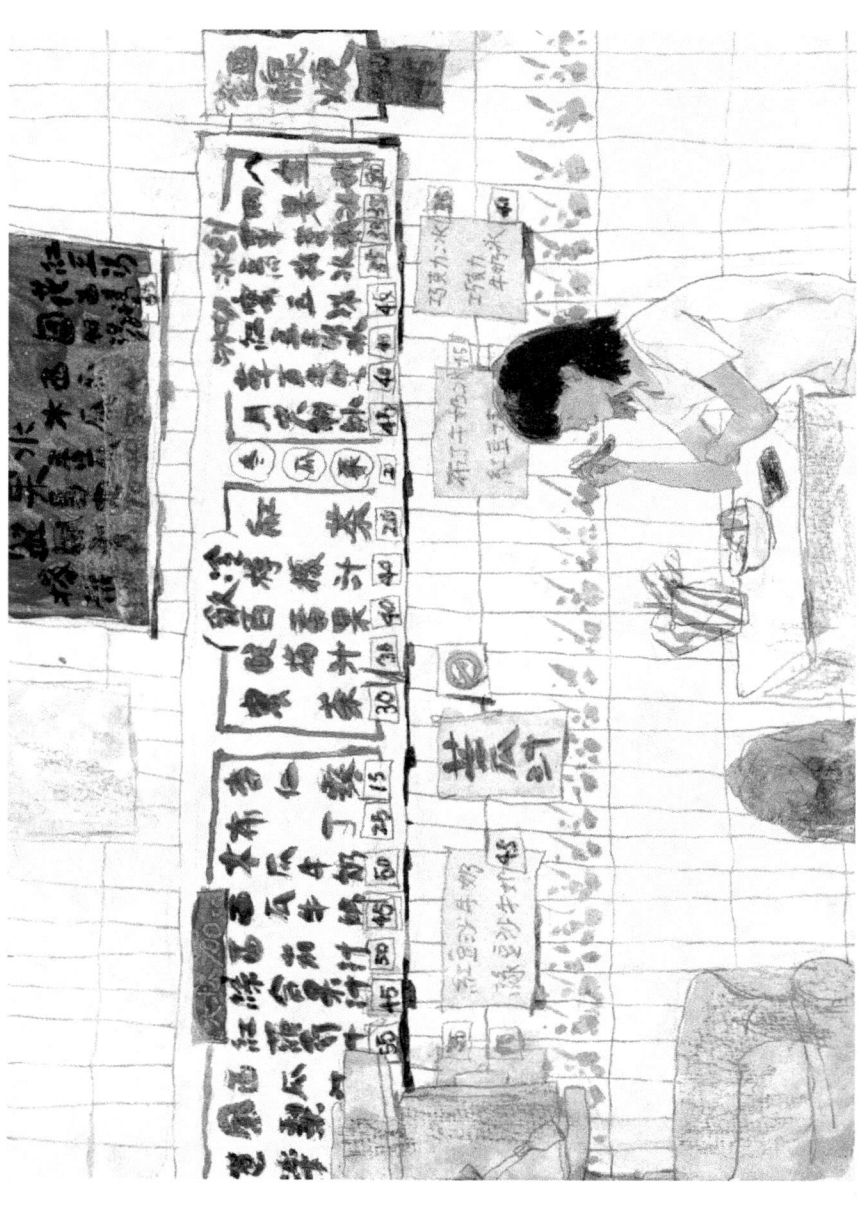

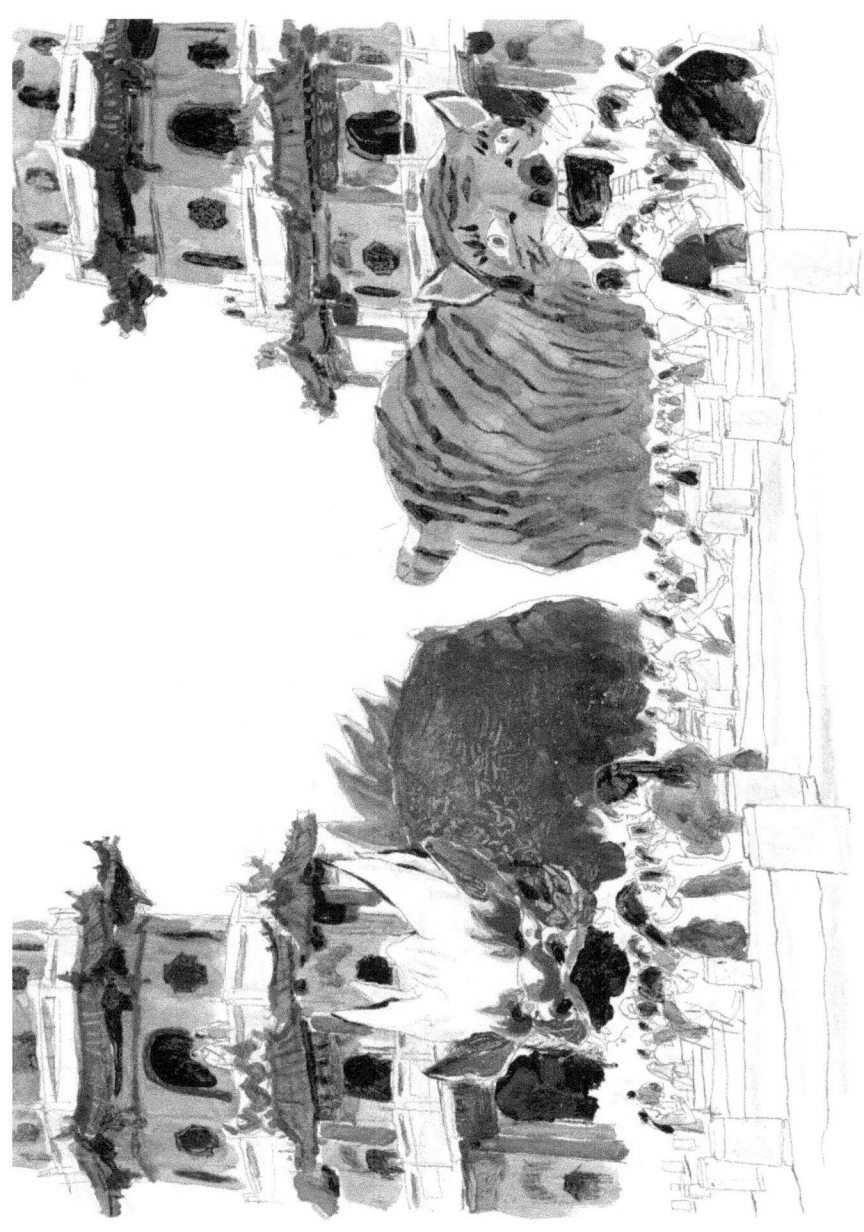

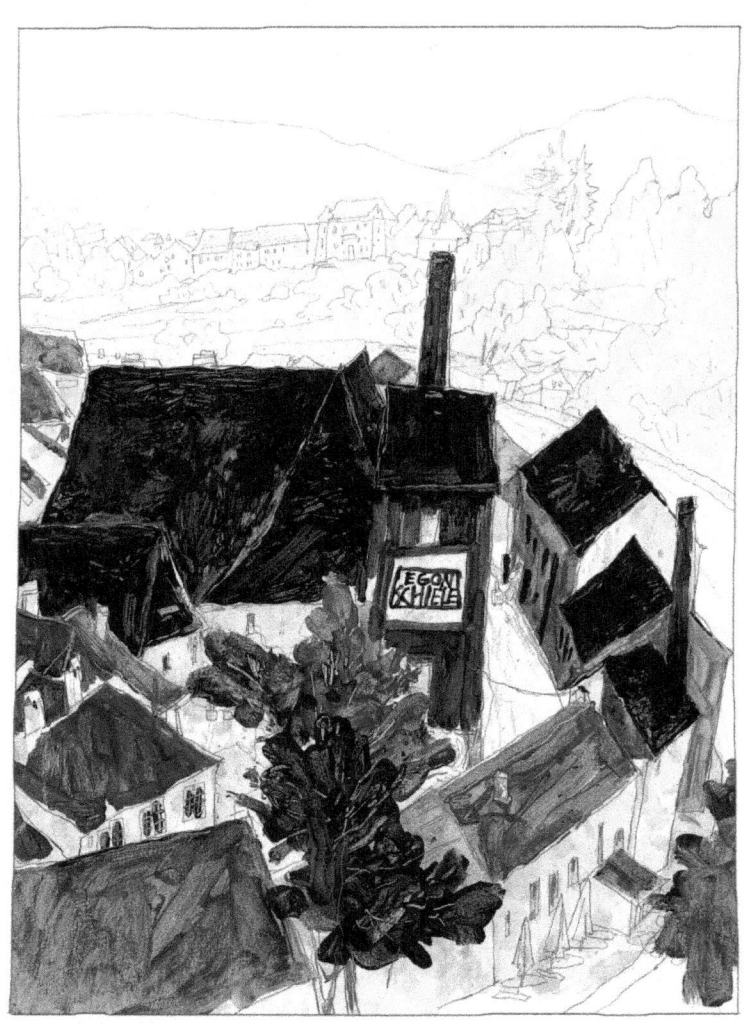

61Chi ©《南方小鎮時光 Small Town, Southern Time》
大辣出版 dala Publishing

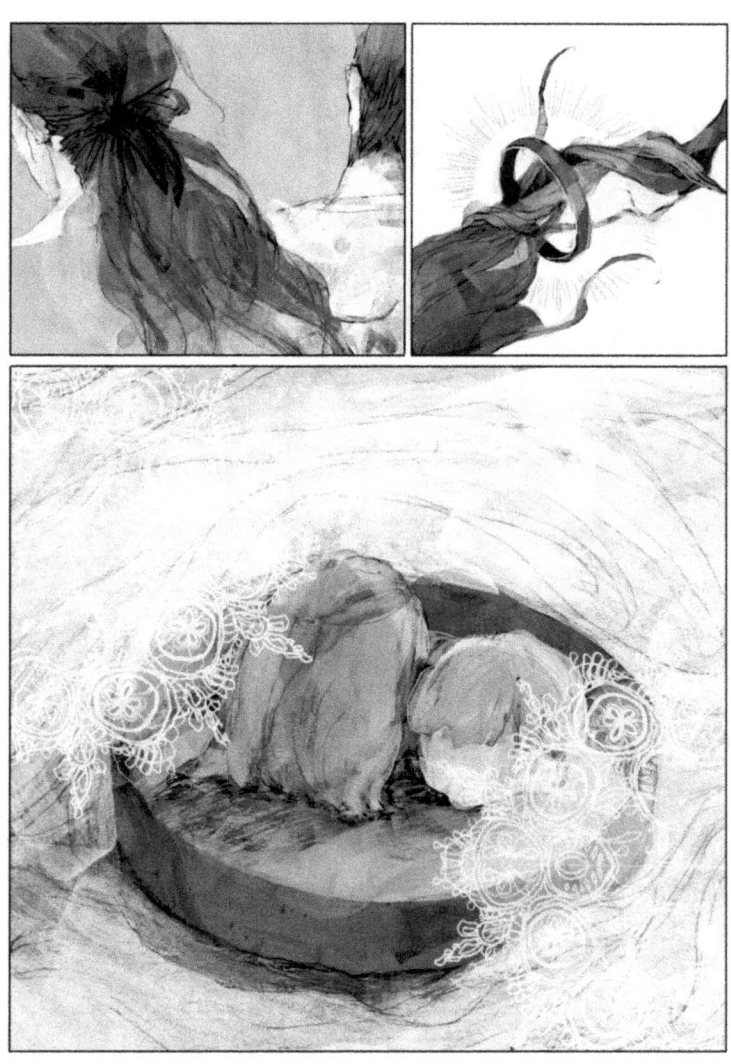

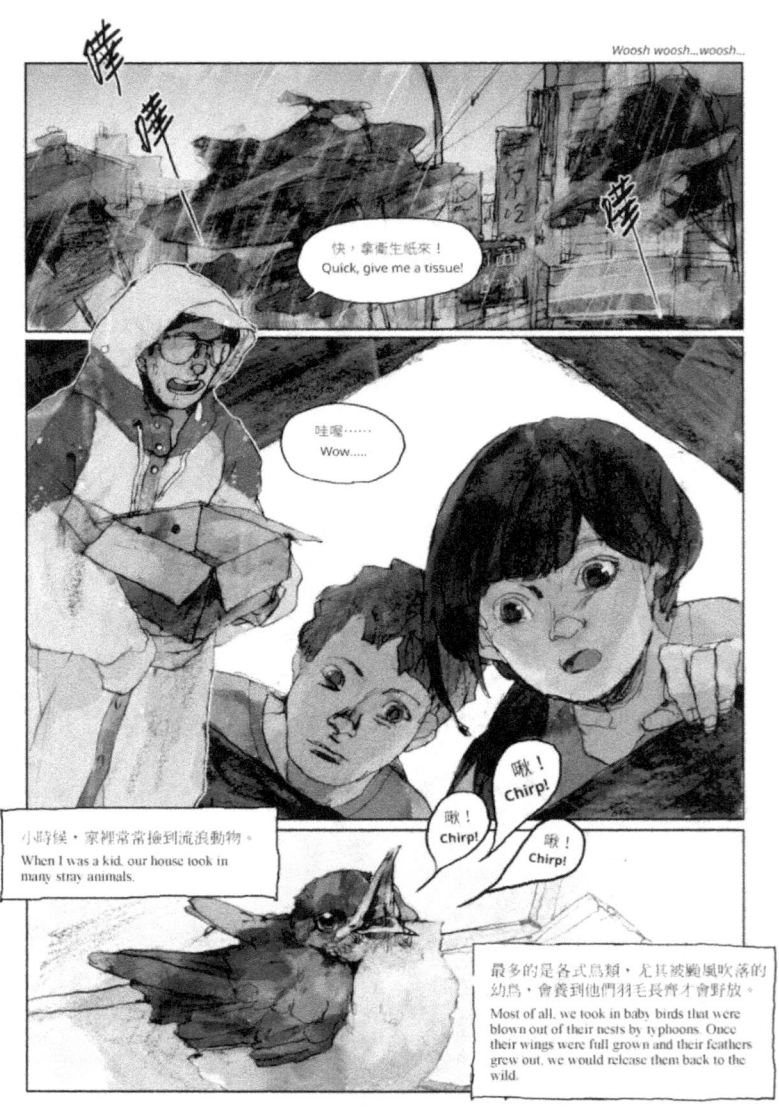

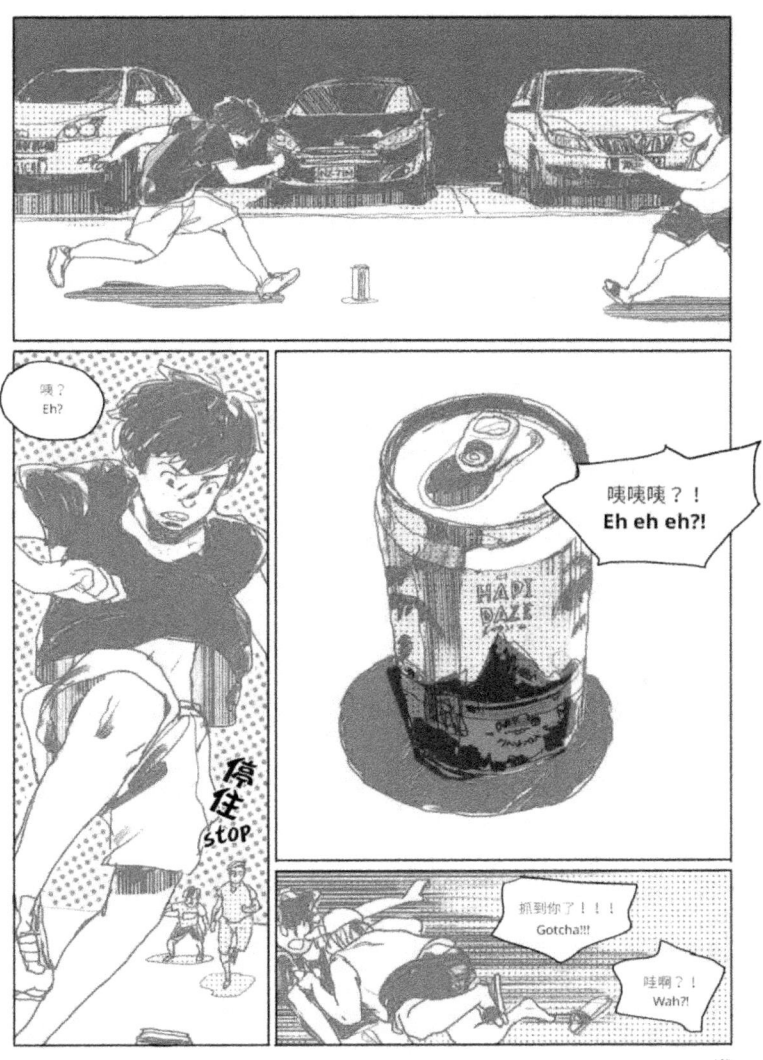

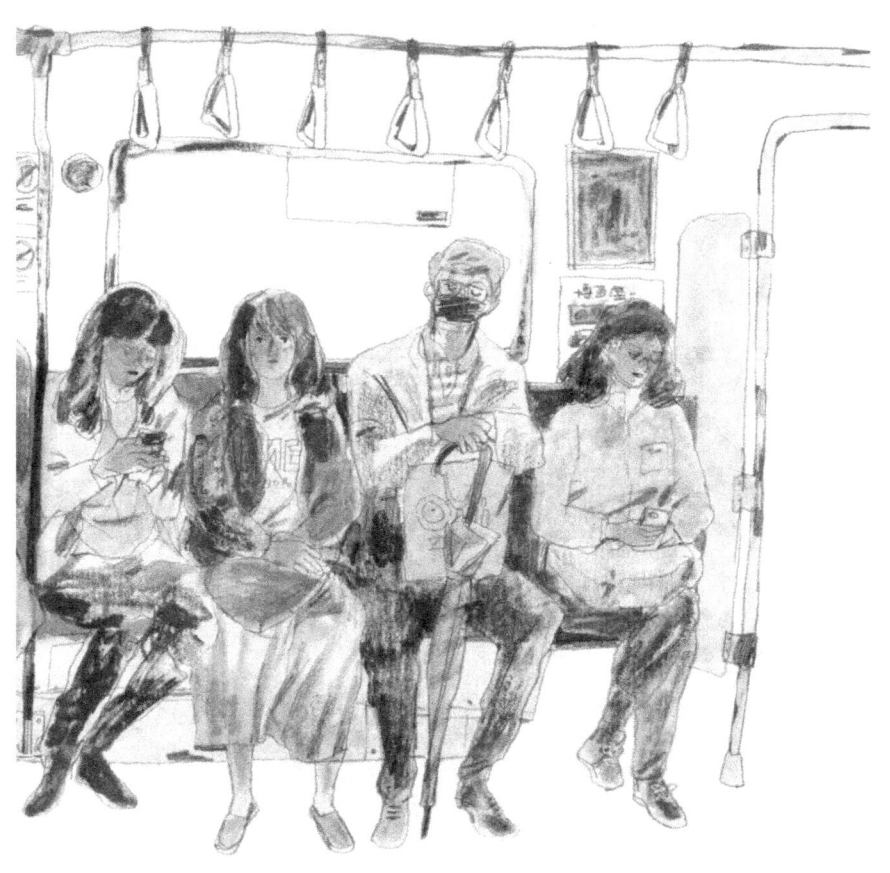

Ordinary days in Taipei

61Chi © 《台北小日子 Ordinary days in Taipei》

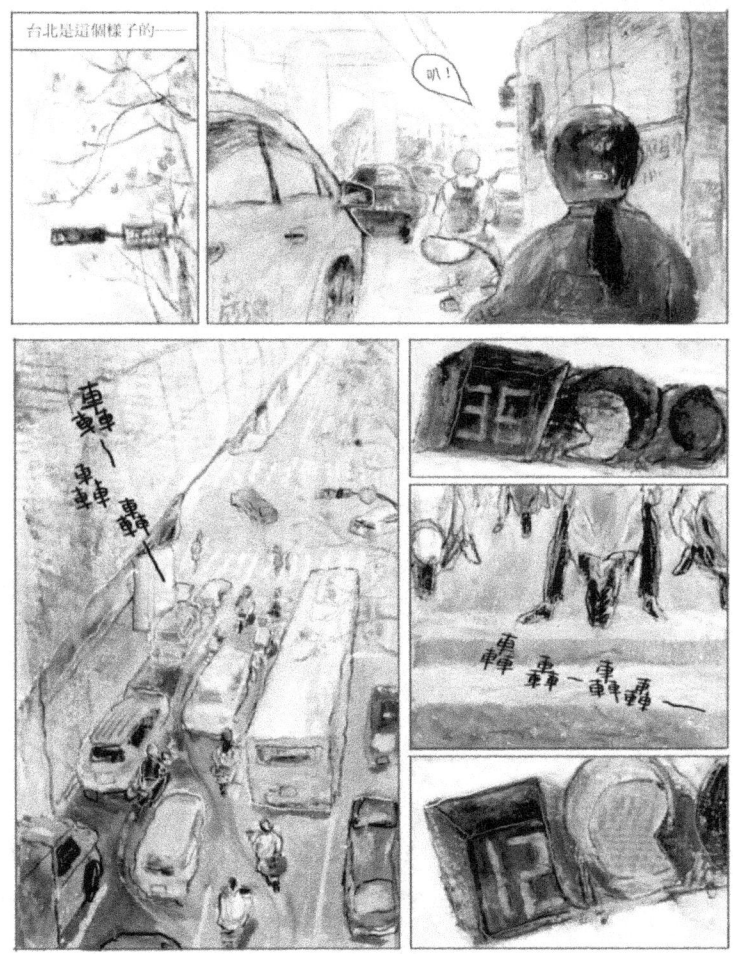

Die Scooterkrieger

Taipei ist so: Hup!

61Chi © 《台北小日子 Ordinary days in Taipei》

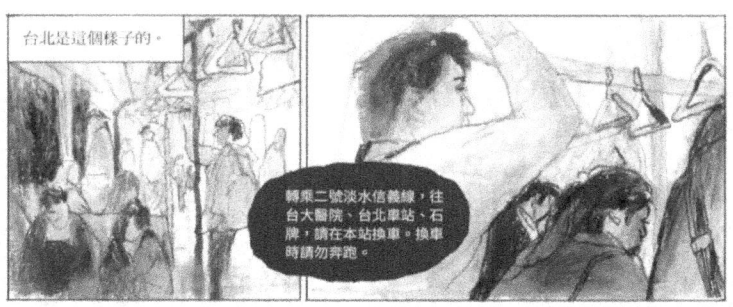
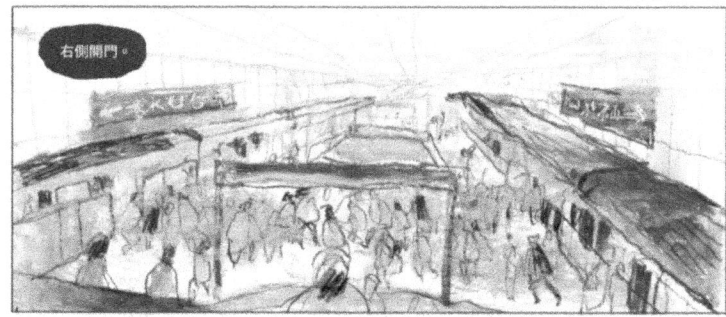
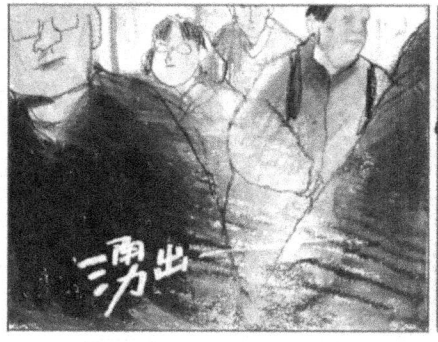
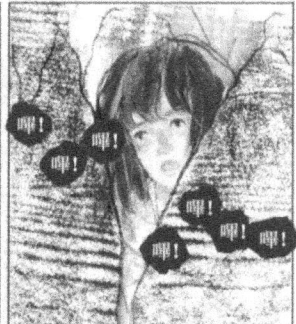

Etwas Überraschendes in der U-Bahn
Taipei ist so: Wenn Sie zum NTU-Krankenhaus, Taipei Hauptbahnhof oder Shipai fahren möchten, dann steigen Sie bitte an dieser Haltestelle um. Bitte gehen Sie langsam!
Der Ausstieg ist in Fahrtrichtung rechts.
(Gedränge)
Piep – Piep – Piep – Piep – Piep – Piep – Piep

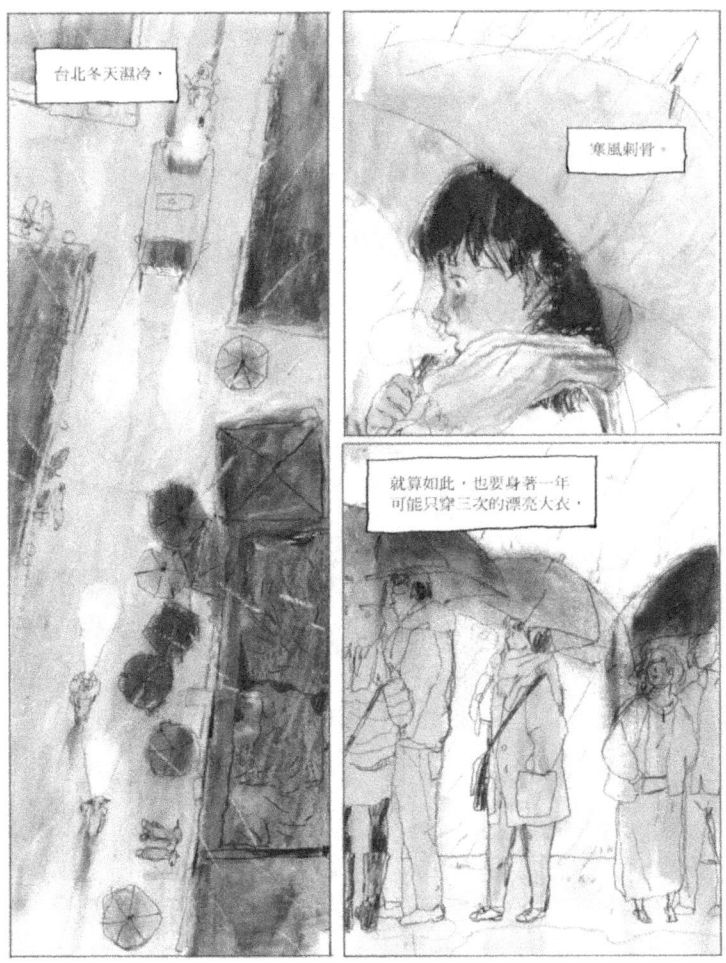

Die Obsession zur Sommersonnenwende
Im Winter ist es in Taipei kalt und regnerisch.
Es friert mich an den Knochen.
Trotzdem sollte ich den schönen Mantel anziehen, den ich nur dreimal pro Jahr anhabe, (und rausgehen, um Klebreisbällchen zu kaufen.)

61Chi © 《台北小日子 Ordinary days in Taipei》

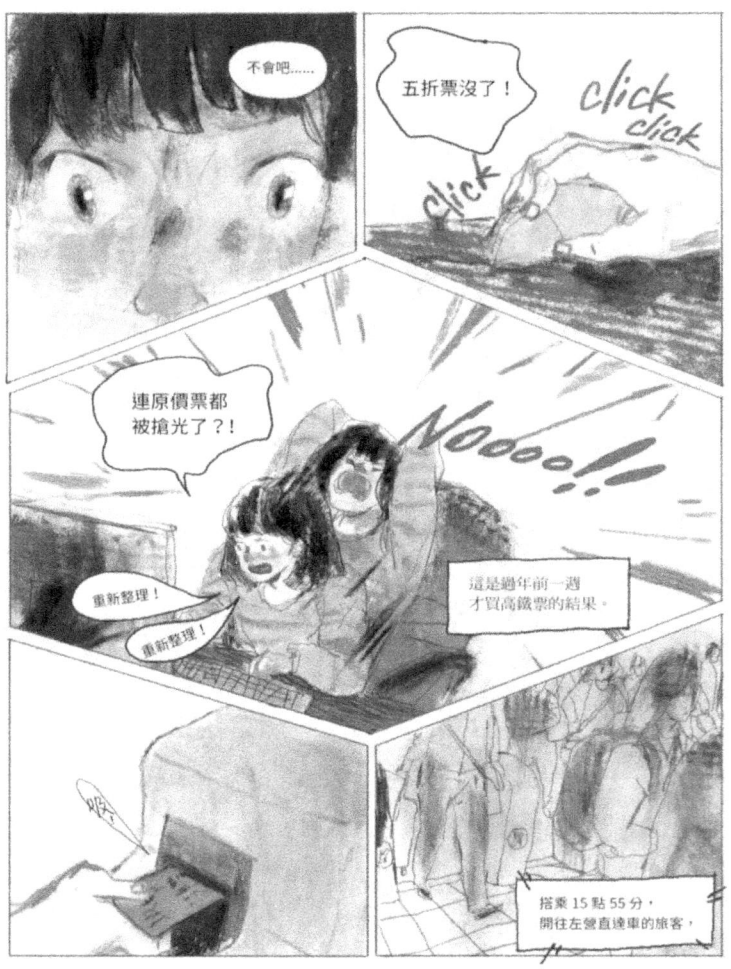

Attack on ... die zugezogenen Studenten
Oh nein ... es gibt keinen 50-Prozent-Rabatt mehr!
Jetzt gibt es überhaupt keine Tickets mehr?! Aktualisieren!
Aktualisieren!
Das kommt davon, wenn man erst in der Woche vor dem
Chinesischen Neujahr die Fahrkarte kauft.
(Für die Fahrgäste, die um 15.55 Uhr nach Tsoying fahren: Das
Gleis wird in fünf Minuten geöffnet.)

▶ **Ergänzende Literatur- und Linkliste:**

In Ergänzung zu den Angaben in den Literatur- und Linklisten im ersten Band dieser Reihe, „Krieg im Comic?", werden hier weitere zeichnerisch bzw. politisch interessante Werke und Internetseiten angegeben. Von André Sven Maertens und Chang, Pi-Yun.

Jonathan Clode / John Stuart Clark (Hg.):
To End All Wars.
The Graphic Anthology of The First World War.
Soaring Penguin Press 2014. – Zeichnerisch und inhaltlich breit angelegte Sammlung von 26 Bildgeschichten, die zeigt, wie lebendig die Diskussion zum Ersten Weltkrieg in der britischen grafischen Literatur geführt wird. Beispielsweise schildern Ian Douglas (Skript) und SM (Art) in „Dead in the water" mit beschwörend-realistischen Bildern die Grauen des Seekriegs. Dan Hill (Story), Todor Hristov (Art) und April Brown (Letters) erzählen in „Where others follow", einer düsteren und beängstigenden Geschichte vom Grabenkrieg, davon, wie die stark die Zerstörungskraft der modernen Artilleriewaffen ist und wie die Verstümmelungen von Leib und Seele aussehen. – Sehr empfehlenswerte Anthologie! (Ebenso das kriegs- und waffenexportkritische Vorwort von Pat Mills.)
Mehr Info: https://toendallwarscomic.wordpress.com/

Moga Mobo / Epidermophytie (Hg.):
Comic Culture Clash. In 20 Konflikten um die Welt.
In diesem Sammelband erzählen Künstler*innen und Zeichner*innen aus aller Welt aus ihrer Perspektive über Konflikte und Kriege, mit dem Ziel, mit Comics über und gegen die Gefahr und Folgen von Kriegen aufzuklären (darunter ein Beitrag von Chang, Fun-Gei, 張放之). Dieses kostenlose Buch von 2016 stammt aus einem Berliner Non-Profit-Projekt und ist leider vergriffen.
Infos unter: www.comic-culture-clash.de
In diesem Buch findet sich auch eine bewegende Bildgeschichte von **Chen Che** (陳澈) über die Bedrohung Taiwans durch China, in der

die chinesischen Aggressoren als brutale und skrupellose Drachen dargestellt werden.
Website der Zeichnerin: http://www.chechenillustration.com/

Christian Lax:
Ein Mann namens Cervantes.
Aus dem Französischen von Resel Rebiersch. Bielefeld: Splitter-Verlag 2016. – Zeichnerisch beeindruckend gemachte Bildgeschichte, die – in einer Parallelerzählung mit dem Leben des Spaniers Miguel de Cervantes, dem Autor des Don-Quijote-Romans – schildert, wie es einem US-Veteranen ergeht, als er nach einer Handamputation aus dem Afghanistankrieg zurückkehrt und dort in verschiedenen Realitäten lebt. (Zuerst 2015 als „Un certain Cervantès" bei Futuropolis, Paris, erschienen.)

Ingrid Sabisch (Illustrationen) / Heiner Lünstedt (Szenario):
Sophie Scholl.
München: Knesebeck 2015. – Durch die Briefe von Sophie Scholl und Fritz Hartnagel zeigen die Autor*innen Ingrid Sabisch und Heiner Lünstedt die Entwicklung des Widerstands und die politischen Ansichten der beiden historischen Personen. Sophie Scholl ist sehr mutig und kämpft für die Freiheit, obwohl sie weiß, dass die Gedanken der meisten Menschen in Deutschland vom NS-Regime kontrolliert werden.
Das Comic ist in Taiwan erschienen:
蘇菲修爾－永恆的白玫瑰
作者：英格麗特・扎比斯、海恩納・呂恩施德特
譯者：林聰敏、陳麗玲
出版發行：上林文化事業有限公司（臺北市）
2019 年 01 月初版

Jochen Voit (Text) / Hamed Eshrat (Zeichnung):
Nieder mit Hitler! oder Warum Karl kein Radfahrer sein wollte.
Berlin: avant 2018. – Eine Bildgeschichte darüber, wie sich deutsche Biografien durch die verschiedenen historischen Phasen hindurch ent-

wickeln und wie Widerstand in der NS-Zeit möglich war, am Beispiel der wahren Geschichte um die Jugendgruppe, der auch Karl Metzner angehörte – gezeichnet vom Autor von „Tipping Point – Téhéran 1979" (2009 auf Französisch bei Edition Sarbacane, Paris, erschienen, übersetzt von Elise Lacharme), einer Graphic Novel über die Revolutionsgewalt (mit deutschen G3-Gewehren) im Iran.
http://www.avant-verlag.de/comic/nieder_mit_hitler_oder_warum_karl_kein_radfahrer_sein_wollte

Xavier Fournier:
Comics en Guerre. La bande dessinée américaine pendant la Seconde Guerre mondiale
Paris: Sophia Histoire et Collections 2016. – Fournier informiert bildreich und ausführlich darüber, auf welche Weise Comic-Figuren wie „Captain America", „Captain Midnight", „The Human Torch", „Pat Parker, War Nurse" oder „Green Lama" für die Propaganda bzw. in der psychologischen Kriegführung gegen Nazi-Deutschland und die Wehrmachtssoldaten eingesetzt wurden.
Siehe auch Gerhard Mauchs Artikel „Bildgeschichten gegen das NS-Regime. Donald, Superman und andere US-Helden zogen gegen den teuflischen deutschen Despoten in den gerechten Krieg. Bis auf wenige zählten die deutschen und österreichischen Zeichner eher zu den braven Mitäufern" (in „Krieg im Comic?", 2017, S. 37-41).

TAKAO Books:
An Indie book shop and community joint-venture in the center of Kaohsiung, with lots of interesting books which you can not find anywhere else!
高雄市中正二路214號, Zhongzhen 2. Road No. 214,
https://www.takaobooks.tw/

Über die Autorinnen und Autoren der Beiträge:

Kai Otto Chang (geb. 1989): Master in deutscher Literatur von der Fu-Jen-Universität (Taipei), Masterarbeit über Intertextualität und poststrukturalistische Interpretation am Beispiel von Walter Moers´ „Die Stadt der Träumenden Bücher". Er ist von Moers´ „Zamonienwelt" so fasziniert, dass er anderen diesen Roman unbedingt empfiehlt.
張允愷，輔仁大學德語碩士。論文以互文性與後結構主義詮釋瓦爾特・莫爾斯(Walter Moers)的小說《夢書之城》。深受莫爾斯所創造的「查莫寧世界」(Zamonienwelt)吸引，希望能向每人推薦此部小說。

61Chi ist eine Künstlerin aus Taiwan mit dem an einer Kunstakademie erworbenen Titel eines Master im Fach Design. Seit 2007 veröffentlichte sie mehr als zehn Bücher, darunter Comics, Bilderbücher und Bilderalben. 2012 und 2014 erhielt sie die Gelegenheit, als Vertreterin Taiwans am Festival international de la bande dessinée d'Angoulême teilzunehmen. 2014 wurde ihr erster kommerzieller Comic, „Room", vom Dala Verlag veröffentlicht. Seitdem ist sie berufliche Comicautorin. Mit „Room" gewann sie den Silberpreis beim 8. vom japanischen Außenministerium gestifteten Internationalen Manga-Preis und die Empfehlung als „Publikation von guter Qualität" durch die Golden Tripod Awards of Publications. „Room" wurde 2015 auch für den TiBE Book-Preis bei der Internationalen Buchmesse in Taipei nominiert. 2016 bis 2017 nahm sie drei Monate am Egon Schiele Art Centrum in Tschechien und drei Monate an der Cité internationale de la bande dessinée et de l'image in Frankreich am Artist-in-Residence-Programm teil. Der 2016 vom Dala Verlag veröffentlichte Comic „Small Town, Southern Time: Zuoying & Český Krumlov", dessen Inhalte vollständig handgezeichnet sind, gewann den Best Cross-media Application-Preis des 8. Golden Comic Award.

61Chi 美術科班出身，設計研究所畢業。2007 年至今已獨立出版十餘本書，內容囊括漫畫、繪本、畫冊。2012、2014 年均獲選代表台灣參展法國安古蘭國際漫畫節。2014 年由大辣出版第一本商業漫畫作品《房間》，正式出道，此書獲第八屆日本外務省國際漫畫賞銀賞、金鼎獎優良出版品推薦，並入圍第六屆金漫獎漫畫新人獎、入選台北國際書展大獎。2016 至 2017 年間，分別前往捷克（庫倫洛夫的席勒藝術中心）與法國（安古蘭國際漫畫暨影像城）藝術駐村各三個月。2016 年由大辣出版的《南方小鎮時光：左營・庫倫洛夫》，是難得回歸全手繪創作的漫畫畫冊，獲第八屆金漫獎跨域應用獎。
Website: http://61chi.weebly.com
Facebook: http://www.facebook.com/61Chi
Instagram: http://www.instagram.com/61chi

André Sven Maertens, 梅安德, (Jahrgang 1973) ist Assistant Professor am Seminar für Deutsch als Fremdsprache der Wenzao Ursuline University of Languages in Kaohsiung (Taiwan) und wurde an der Albert-Ludwigs-Universität Freiburg mit einer Arbeit über kriegskritische Literatur von Gert Ledig promoviert. Er forscht zu Prosaliteratur zu den Themen Krieg, Militär und Gewalt und interessiert sich dafür, wie gesellschaftliche und politische Stoffe in visueller und sequenzieller Literatur dargestellt werden.
Kontaktadresse / 聯絡方式：andre-maertens@gmx.de
https://www.facebook.com/politikimcomic/
梅安德（1973 年—），助理教授，任教於（台灣）高雄文藻外語大學德文系，於弗萊堡大學的博士論文以德國作家傑特・雷帝西的戰爭批判文學為主題。除了專研戰爭、軍事和暴力為主題的文學之外，他對視覺化及連續性文學中如何呈現社會、政治等元素的興趣特別濃厚。

Gerhard Mauch (Gischbl): Ich bin Zeichner, Karikaturist und entwicklungspolitischer Aktivist (Schwerpunkt Fairer Handel). Erst 1996 habe ich meine erste eigene Bildgeschichte gezeichnet und fühle mich im Gruftiealter von 64 Jahren immer noch als junger Zeichner. Acht entwicklungspolitische Bildgeschichten sind mittlerweile entstanden (u. a. in Kooperation mit Misereor und terre des hommes). Ich bin aber auch begeisterter Fan der Bildgeschichte (mit einer großen Sammlung) und verstehe mich als Experte. So entstehen immer wieder Artikel zum Medium.

傑哈德・毛赫（筆名：Gischbl）：我是一名畫家、諷刺漫畫家及發展援助政策分子（重心為公平貿易）。1996 年我畫了第一部漫畫，在 64 歲這把年紀我仍覺得自己還是個年輕畫家。當時出了八部發展援助政策的漫畫（此外也和 Misereor 和 terre des hommes 這兩個組織合作）。同時我也是熱愛漫畫的粉絲（擁有大量收藏），並將自己視為專家，因此不斷撰寫相關文章。

Heike Oldenburg (geb. 1962), M.A. Anglistik und Psychologie, Abschlussarbeit über Intertextualität am Beispiel von Aristophanes´ und Ralf Königs „Lysistrata". Ehrenamtlich aktiv in der psychosozialen Szene als „Expertin in eigener Sache". Schreibe gern und viel: Persönlichkeitsdarstellungen, Buchrezensionen (z. B. von Comics) und Reiseberichte. Lebensthemen: Frieden, Behinderte und Umgang mit ihnen. Siehe: http://blog.expa-trialog.de/

海珂・歐登伯格（1962 年－），英國語文學及心理學碩士，關於互文性的畢業論文以阿里斯托芬和拉夫・寇尼西（Ralf König）的《利西翠妲》為例。自願以「專家」身份鑽研社會心理案件。擅長撰寫：人格表現、書評（如：針對漫畫）與遊記。致力於和平、身障人士，以及與身障人士相關之議題。詳情請見：http://blog.expa-trialog.de/

Der Rückseitentext in weiteren Sprachen:

Angesichts der Tatsache, dass auch dieser dritte Band der Reihe „Zeichnen und Erzählen" zum Teil an der Ursulinischen Wenzao-Universität für Fremdsprachen (文藻外語大學) entstanden ist, und auch, um die für die historische Entwicklung des Comic-Mediums wichtigen Literaturregionen Frankreich/Belgien, USA und Japan zu würdigen, sollen hier die wichtigsten Informationen über den vorliegenden Band in weiteren Sprachen zur Verfügung stehen, zusätzlich in Spanisch. Unser Dank dafür geht an die Student*innen der verschiedenen Sprachen-Departments und besonders an die ausländischen Student*innen, die am Chinesisch-Lernzentrum der Wenzao-Universität studieren.

Société, Histoire et Militarisme:
La bande dessinée en tant qu'intermédiaire de narration politique.

Nous devons découvrir les liens entre les pensées et les comportements de la société et de l'armée afin de comprendre les significations politiques et les effets sociaux. Le troisième volume de la série „Dessin et Narration" commente la littérature graphique qui critique, tant par l'observation que le questionnement, la société et les forces armées. Dans ce recueil d'essais, on trouve des critiques de livres sur le fossé des générations, la dégradation de l'environnement, l'Iran, le Liban, les deux guerres mondiales et les „premiers Américains". On se penchera également sur les représentations graphiques axées sur la vie métropolitaine à Taiwan. Une étude sur le monde imaginaire de Walter Moers est également incluse pour élargir notre vision de la littérature imagée.

Society, History and Militarism:
the Comic Book as a Medium of Political Narratives

We must find out the links between societal and military thought and behaviour so as to comprehend the political meanings and social effects of the two. The third volume of the serial "Drawing and Narrating" comments on graphic literature that critiques, by way of observing and questioning, the society and the military. This collection of essays handles reviews of books on generation gap, environmental degradation, Iran, Lebanon, the two World Wars, and the 'First Americans'. The graphic depictions of the metropolitan life in Taiwan will also be discussed. A study on Walter Moers' imaginary world is included here to broaden our view of the visual literature.

Sociedad, historia y militarismo:
El cómic como medio de narrativas políticas

El pensamiento y los modelos sociales y militares deben estar vinculados si queremos entender su significado político y sus efectos sociales. En el tercer volumen de la serie "Dibujo y Narrativa" menciona las observaciones críticas y cuestiona la literatura de imagen social y militar. Estas obras abarcan los problemas y daños ambientales entre las generaciones antiguas y nuevas; Irán, Líbano, las dos guerras mundiales y los "Primeros Americanos"; así como la descripción gráfica de la vida en las metropolises de Taiwán. Un estudio sobre el mundo imaginario de Walter Moers ampliará nuestra visión de la literatura visual.

社会、歴史と軍国主義：
政治を述べる媒体としてのイメージ小説

社会的、軍事的な考え方・行為の繋ぎを見つけなければいけないのは、それぞれの政治的意味・社会的影響を理解するためだ。『絵画と叙述』シリーズ第3巻が論じる図像文学作品は、社会・軍事について批判的に観察し、質疑するのだ。本作品では世代間ギャップ・環境破壊・イラン・レバノン・二回の世界大戦およびアメリカ州の原住民が含んでいる。また、台湾大都市の暮らしも描かれている。ヴァルター・メアス（Walter Moers）が書いたファンタジー世界を研究する文章に通じて、文学の視覚化を広げることができる。

Samenleving, Geschiedenis en Militarisme:
het Stripboek als Medium van politieke Verhaallijnen

We moeten het verband tussen maatschappelijk en militair denken en handelen onderzoeken om de politieke betekenis en de sociale effecten van beide te begrijpen. Het derde deel van de serie "Tekenen en Vertellen" becommentarieert de grafische literatuur die door middel van observatie en bevraging de maatschappij en het leger bekritiseert. In deze essaybundel vindt men recensies van boeken over generatiekloof, milieuvervuiling, Iran, Libanon, de twee wereldoorlogen en de 'First Americans'. Ook de grafische voorstellingen over het grootstedelijke leven in Taiwan komen aan bod. Een studie over de imaginaire wereld van Walter Moers is hier opgenomen om onze kijk op de visuele literatuur te verbreden.

Für diejenigen, die sich für die beiden ersten Bände der Reihe „Zeichnen und Erzählen" interessieren, sind hier die Buchangaben / 若對本系列前兩冊有興趣者，以下為刊物相關資料：

Band 1: Krieg im Comic? Grafische Erzählungen zu Militarismus und Gewalt. Eine Textsammlung von Gerhard Mauch und André Maertens. Norderstedt: Books on Demand 2017
(ISBN 978-3-743136502)

第一冊：漫畫中的戰爭？　圖像小說中軍國主義及暴力的呈現
傑哈德・毛赫、梅安德文集
諾德施泰特鎮：Books on Demand　2017年
(ISBN 978-3-743136502)

Mit Bildgeschichten von Krieg und Gewalt erzählen:
kritische Blicke auf das Medium Comic
Die vorliegende Textsammlung soll dazu anregen, sich mit dem Medium Comic auseinanderzusetzen – die politischen Bildgeschichten stehen dabei im Vordergrund. Themen sind Krisen und Kriege, sind Waffen und Gewalt, Kriegsverbrechen und Ungerechtigkeit. Die gesammelten Texte bzw. die darin besprochene grafische Literatur spannen einen Bogen von Europa über Amerika nach Asien und behandeln Stoffe aus verschiedenen historischen Phasen und auch aus Fantasiewelten. Im Zentrum der Beobachtung steht immer die inspirierende bzw. Empörung weckende Wirkung, die diese literarischen Werke oder „Graphic Novels" auf die LeserInnen haben.

漫畫中所呈現的戰爭及暴力：從批判角度看漫畫
本文主旨在促使讀者對漫畫有進一步之認知——並以政治漫畫為研究對象，漫畫的主題涵蓋了政治危機、戰爭、武器、暴力、違反戰爭公約的行為與違反正義公理之種種現象。文中所探討的文章與所評論的漫畫，來自歐、美、亞各洲，取材於歷史上不同的時期，甚至出自幻想世界。本文的重點在於觀察這些文學作品—亦即「圖像式小說」—對讀者之影響。

Band 2: Politik im Comic. Grafische Erzählungen zu Krieg und Gesellschaft. Eine Textsammlung von Gerhard Mauch, Heike Oldenburg und André Sven Maertens. Norderstedt: Books on Demand 2018
(ISBN 978-3-7481-1101-6)

第二冊：漫畫中的政治　圖像小說中戰爭及社會的呈現
傑哈德・毛赫、海珂・歐登伯格及梅安德文集
諾德施泰特鎮：Books on Demand　2018年
(ISBN 978-3-7481-1101-6)

Comic-Literatur zu Krieg und gesellschaftlichen Krisen:
Was grafische Erzählungen über Politik erzählen können
Für die notwendige gesellschaftskritische Diskussion braucht es Bildgeschichten, die zum Denken und auch zum Handeln anregen. In diesem zweiten Band der Reihe „Zeichnen und Erzählen" stehen kriegskritische Bild-Erzählungen im Vordergrund. Aber was ist ein Kriegscomic? Was ist Krieg? Und was bedeutet „kriegskritisch"? Hier beginnt die spannende Debatte zu politischen Comics. Thematisch reichen die Beiträge in diesem Band von Amerika über Mosambik bis Russland, vom Leben Walter Benjamins über die alternative Szene Berlins bis zum als Abenteuer geschilderten Kampf gegen Umweltzerstörung.

以戰爭和社會危機為題的漫畫文學：
漫畫小說陳述政治的方式
我們需要漫畫小說來引動必要的、對社會具批判性的討論，漫畫小說能激發思緒甚至挑起行動。《繪圖與敘述》系列第二冊的重點為批評戰爭的圖像故事。但什麼是戰爭漫畫？什麼是戰爭？什麼又是「戰爭批判」？以政治漫畫為題、精彩刺激的論戰就此展開。本書論述之議題遍及美洲、莫桑比克、俄國，並含括了華特・班雅明的一生、柏林的另類文化、以及反對環境破壞的冒險故事。

www.ingramcontent.com/pod-product-compliance
Lightning Source LLC
Chambersburg PA
CBHW050107230526
45470CB00004B/1718